Elementary Tagalog
Workbook

Tara, Mag-Tagalog Tayo!
Come On, Let's Speak Tagalog!

Jiedson R. Domigpe
American Ethnic Studies, University of Washington

Nenita Pambid Domingo
Asian Languages and Cultures Department, UCLA

TUTTLE Publishing

Tokyo | Rutland, Vermont | Singapore

"Books to Span the East and West"

Tuttle Publishing was founded in 1832 in the small New England town of Rutland, Vermont [USA]. Our core values remain as strong today as they were then—to publish best-in-class books which bring people together one page at a time. In 1948, we established a publishing outpost in Japan—and Tuttle is now a leader in publishing English-language books about the arts, languages and cultures of Asia. The world has become a much smaller place today and Asia's economic and cultural influence has grown. Yet the need for meaningful dialogue and information about this diverse region has never been greater. Over the past seven decades, Tuttle has published thousands of books on subjects ranging from martial arts and paper crafts to language learning and literature—and our talented authors, illustrators, designers and photographers have won many prestigious awards. We welcome you to explore the wealth of information available on **Asia at www.tuttlepublishing.com**.

Published by Tuttle Publishing, an imprint of Periplus Editions (HK) Ltd.

www.tuttlepublishing.com

ISBN: 978-0-8048-4504-5

Distributed by
North America, Latin America & Europe
Tuttle Publishing, 364 Innovation Drive, North Clarendon, VT 05759-9436 U.S.A.
Tel: (802) 773-8930 I Fax: (802) 773-6993
info@tuttlepublishing.com I www.tuttlepublishing.com

Asia-Pacific
Berkeley Books Pte. Ltd., 3 Kallang Sector #04-01, Singapore 349278
Tel: (65) 6741-2178 I Fax: (65) 67414-2179
inquiries@periplus.com.sg I www.tuttlepublishing.com

First edition

28 27 26 25 24   10 9 8 7 6   2405VP
Printed in Malaysia

TUTTLE PUBLISHING® is a registered trademark of Tuttle Publishing, a division of Periplus Editions (HK) Ltd.

Contents

Introduction

Tara, mag-Tagalog tayo! *Come on, let's speak Tagalog!*

This student workbook is intended to be used in conjunction with the textbook *Elementary Tagalog*. It contains grammar exercises that are designed to reinforce learning and assist you in mastering the forms and structures introduced in the textbook. The exercises follow the same organization by unit and lesson as in the textbook, and together they should help you to focus more closely on accuracy in your handling of Tagalog grammar.

In addition to grammar exercises, listening and reading comprehension exercises are provided to help you develop aural and reading skills. These exercises are similarly anchored in the unit themes and subtopics. They are designed to promote the acquisition of high-frequency vocabulary pertaining to common everyday topics—the vocabulary you need in order to have an ordinary conversation. The audio files for the listening texts, each 45 seconds to 2 minutes long, are downloadable from the Tuttle website—see the link below.

Typically, each lesson in the workbook includes one vocabulary exercise, one conjugation practice, three to four grammar practices, one reading practice, one editing activity, two listening exercises, and one translation activity. Each activity targets different aspects of the grammatical forms that are presented and explained in the textbook. Practice is an indispensable element in the mastering a foreign language. An essential supplement to classroom instruction, this student workbook is a valuable tool for individualized instruction and practice.

An answer key is provided at the back of the workbook.

To Download or Stream Bonus Material:

1. You must have an Internet connection.
2. Type the URL below into your web browser.

https://www.tuttlepublishing.com/elementary-tagalog-workbook-audio

For support email us at info@tuttlepublishing.com

UNIT 1: Tungkol sa Sarili (*About Self*)

LESSON 1

Ang Unang Araw sa Klase (*First Day of Class*)

Activity 1

Matching Activity

Match the words below with the English equivalent from the box.

a. writer	b. single male	c. married	d. language	e. dancer
f. they	g. now	h. mayor	i. teacher	j. chef

_____ 1. **wika**   _____ 2. **mananayaw**

_____ 3. **manunulat**   _____ 4. **binata**

_____ 5. **may-asawa**   _____ 6. **alkalde**

_____ 7. **kusinero**   _____ 8. **guro**

_____ 9. **sila**   _____ 10. **ngayon**

Activity 2

Working on Markers

Complete the conversation with **ang** and **si** markers. Write X where it is not necessary to use markers.

Melanie: **Magandang umaga, _____ Fredy.**

Fredy: **Magandang umaga din naman.**

Melanie: **Kumusta ka?**

Fredy: **Ayos naman. Ikaw, kumusta ka?**

Melanie: **Mabuti naman. Kumusta _____ mga klase mo?**

Fredy: **Medyo mahirap. Sino _____ propesor mo sa Ingles?**

Melanie: **_____ Dr. Chen. Ikaw, sino _____ propesor mo?**

Fredy: **_____ Propesor Santos.**

Melanie: **O sige. Kita na lang tayo mamaya.**

Fredy: **O sige!**

Activity 3

Working on Identificational Sentences

Convert the following questions and answers into identificational sentences.

EXAMPLE: **Sino ang dentista?**   **Si Marc.**
          Si Marc ang dentista.

1. **Sino ang manunulat?**   **Si Pablo.**

   _____

2. **Sino ang mga manganganta?**   **Sina Lea at Sharon.**

   _____

3. **Sino si Binibing Reyes?**   **Ang titser.**

   _____

4. **Sino ang mga estudyante?**   **Sina Bobby, Inaki at Daniel.**

   _____

5. **Sino sina Kate at Susan?**   **Ang mga negosyante.**

   _____

Activity 4

Changing Affirmative Statements into Interrogative Statements

Convert the following identificational sentences into **sino** questions.

EXAMPLE: **Si Maria ang abogado.**
          Sino ang abogado?   Answer: **Si Maria**

1. **Si Maria ang doktor.**

   _____   Answer: **Ang doktor.**

2. **Sina Pablo at Oscar ang mga arkitekto.**

   _____   Answer: **Sina Pablo.**

3. **Si Carlos ang kusinero.**

   _____   Answer: **Ang kusinero.**

4. **Sina Miriam at Bebel ang mga manganganta.**

   _____   Answer: **Ang mga manganganta.**

5. **Si Propesor Ramos ang manunulat.**

   _____   Answer: **Ang manunulat.**

Activity 5

Working on Predicational Sentences

Circle the letter of the correct word(s) to complete each sentence.

1. **Manunulat** _____.
   a. **si Jose Rizal.**
   b. **sina lalaki.**
   c. **ang Carlos Bulosan.**
   d. **ang mga Carlos Bulosan.**

2. **Artista** _____.
   a. **si babae.**
   b. **sina titser at abogado.**
   c. **ang babae.**
   d. **ang mga Juan.**

3. **May-asawa** _____.
   a. **si Mario at Maria.**
   b. **sina pulis.**
   c. **ang pulis.**
   d. **ang mga Mario at Maria.**

4. **Estudyante** _____.
   a. **si babae.**
   b. **sina lalaki at babae.**
   c. **ang babae.**
   d. **ang mga Juan.**

5. **Kusinero** _____.
   a. **si Kardo at Jose.**
   b. **sina Kardo at Jose.**
   c. **ang Kardo.**
   d. **ang Kardo at Jose.**

Activity 6

Editing

Some of the sentences below are ungrammatical. Find the errors and correct them.

EXAMPLE: **Pulis ~~ang~~ Mike.**
Pulis si Mike.

1. **Si Lalaki ang alkalde.**

   _____

2. **Artista ang Mike.**

   _____

3. **Mananayaw ang mga Ryan at Daniel.**

   _____

4. **Diborsyada si Lani at Miriam.**

   _____

5. **Binata si lalaki.**

   _____

Working on Reading

Read the text below and answer the comprehension questions in English.

Kim and Justin were friends in elementary. They meet in front of an elementary school.

Justin: **Oy! Magandang hapon, Kim.**

Kim: **Magandang hapon din naman. kumusta ka na?**

Justin: **Heto buhay pa.**

Kim: **Siyanga pala, kumusta ang pamilya mo?**

Justin: **Mabuti naman.**

Kim: **E ikaw, anong balita sa iyo?**

Justin: **Wala namang bago. Guro ako ngayon sa elementarya.**

Kim: **Talaga? Ah, ikaw ang guro ng anak ko, si Myra de los Santos.**

Justin: **O, anak mo si Myra?**

Kim: **Oo!**

Comprehension Questions:

1. Who is Justin?

   _____

2. How is Justin's family?

   _____

3. What does Justin do for a living?

   _____

4. Who is Myra de los Santos?

   _____

5. Does Justin know who Kim's daughter is?

   _____

Activity 8

Listen and Write

Listen to the audio file (🎧 01-3) and write what you heard in the space provided below.

1. _____

2. _____

3. _____

4. _____

5. _____

6. _____

7. _____

8. _____

9. _____

10. _____

Activity 9

Working on Listening Skills

Listen to the audio file (🎧 01-4) and complete the box below.

Pangalan (Name)	Trabaho (Work)
1. Juan	
2.	**mananayaw**
3. Magda	
4. Larry	
5.	**abogado**

Activity 10

Working on Translation

Give the Tagalog equivalent of the following sentences.

1. Who is Lea?

   _____

2. Lea is the teacher?

   _____

3. Who are they, sir/ma'am?

   _____

4. They are the students.

   _____

5. We are students.

   _____

6. Sandra is single.

   _____

7. Mike is an engineer.

   _____

8. She is American.

   _____

9. Allan and Aga are actors.

   _____

10. Pepe is a writer.

   _____

LESSON 2
Pagpapakilala (*Introductions*)

Activity 1

Matching Activity

Match the words below with the English equivalent from the box.

a. house	b. living room	c. is going to school/studying	d. airport	e. bedroom
f. church	g. bathroom	h. market	i. is working	j. is residing/living

_____ 1. **banyo**   _____ 2. **kuwarto**

_____ 3. **sala**   _____ 4. **bahay**

_____ 5. **palengke**   _____ 6. **simbahan**

_____ 7. **nag-aaral**   _____ 8. **nakatira**

_____ 9. **nagtatrabaho**   _____ 10. **paliparan**

Activity 2

Working on *Taga*, *Nasa*, and *Sa* Markers

Complete the conversation. Circle the correct word in the parenthesis.

Bethany: **Kumusta? Ako si Bethany. Ano ang pangalan mo?**

Brian: **Mabuti naman. Ako si Brian. (*Taga saan*, *Nasaan*, *Saan*) ka, Bethany?**

Bethany: **Taga-Bulacan ako.**

Brian: **Talaga? (*Taga saan*, *Nasaan*, *Saan*) sa Bulacan.**

Bethany: **Sa Baliwag. Bakit?**

Brian: **Kasi taga-Bulacan din ang pamilya ko, pero lumipat na kami.**

Bethany: **(*Taga saan*, *Nasaan*, *Saan*) kayo ngayon nakatira?**

Brian: **Nakatira kami ngayon sa Ilocos.**

Bethany: **(*Taga saan*, *Nasaan*, *Saan*) ang Ilocos?**

Brian: **Nasa norte ang Ilocos. Malapit ito sa Baguio. Ikaw, (*Taga saan*, *Nasaan*, *Saan*) ka nakatira ngayon?**

Bethany: **Nakatira ako ngayon sa Parañaque. O sige, Brian, hanggang mamaya na lang.**

Brian: **Ah, o sige.**

Activity 3

Forming Questions with *Taga Saan*, *Nasaan*, and *Saan*
Write information questions about the underlined words in the statements in the space provided.

1. <u>Taga-Malolos</u> si Mario.

   _____

2. <u>Taga-Cabanatuan</u> sila.

   _____

3. <u>Nasa aklatan</u> ang mga bata.

   _____

4. <u>Nasa Mindanao</u> siya.

   _____

5. Nagtatrabaho sila <u>sa Maynila</u>.

   _____

Activity 4

Working on Interrogative Pronouns and Markers
Circle the letter of the correct word(s) to complete each sentence.

Conversation 1:
Danny: **Saan ka pupunta?**
Jessica: _____ **tindahan.**

a. **Sa**
b. **Nasa**
c. **Taga**

Conversation 2:
Monica: **Taga saan ang pamilya mo, Brandon?**
Brandon: _____ **pampangga kami.**

a. **Sa**
b. **Nasa**
c. **Taga**

Conversation 3:
Nelson: **Nasaan ang libro ko, Alfredo?**
Alfredo: _____ **mesa.**

a. **Sa**
b. **Nasa**
c. **Taga**

Conversation 4:
Mike: _____ **nag-aaral si Marites?**
Susan: **Sa U.P.**

a. **Saan**
b. **Nasaan**
c. **Taga saan**

Conversation 5:
Hiro: _____ **ang mga bisita?**
Melanie: **Nasa sala sila.**

a. **Saan**
b. **Nasaan**
c. **Taga saan**

Forming Negative Sentences

Make the false statements true by changing them into negative sentences.

1. **Taga-Amerika si Jose Rizal.**

    _____

2. **Nasa Pilipinas ang California.**

    _____

3. **Nakatira siya sa Pilipinas.**

    _____

4. **Taga-Olongapo sila.**

    _____

5. **Nasa aklatan ako.**

    _____

Editing

There are seven mistakes in Patrick's biography. The first mistake is already corrected. Find and correct six more.

Ako ~~ni~~ (si) Patrick Santos; dalawampung taong gulang na ako. Ipinanganak ko noong ika-lima ng Abril ta-

ong 1985 sa Cavite. Dentista si tatay ko at nars naman ang nanay ko. May dalawa akong kapatid, si Jimmy at

Eddie. Si Jimmy ang panganay. Tatlumpu't isa na ni Jimmy pero wala pa rin siyang asawa. Si Eddie ang diko.

May asawa na si Eddie. Shereal ang pangalan.

Ngayon, nakatira ako taga bahay ni Eddie at Shereal. Nagma-master ako sa UP. Sa isang taon, magtuturo ako

sa isang unibersidad sa Pilipinas.

Working on Reading

Read the conversation between Eddie and Joyce and answer the comprehension questions in English.

Word Bank

siguro maybe

Eddie: **Magandang gabi! Ako si Eddie. Ikaw, ano ang pangalan mo?**

Joyce: **Ako si Joyce. Kumusta ka, Eddie?**

Eddie: **Mabuti naman ako. Nagtatrabaho ka ba dito?**

Joyce: **Oo. Abogado ako dito. Ikaw, nagtatrabaho ka ba dito?**

Eddie: **Oo, inhinyero ako dito. Siyanga pala, nasaan si boss?**

Joyce: **Nasa opisina niya.**

Eddie: **Hindi. Wala siya sa opisina.**

Joyce: **Siguro, nasa kapeterya.**

Eddie: **O sige. Pupunta na ako sa kapeterya. Salamat.**

Joyce: **Walang anuman.**

Comprehension Questions:

1. **Ano ang trabaho ni Eddie?**

   _____

2. **Ano ang trabaho ni Joyce?**

   _____

3. **Nasa opisina ba ang boss nina Joyce at Eddie?**

   _____

4. **Nasaan ang boss nina Joyce at Eddie?**

   _____

5. **Saan pupunta si Eddie?**

   _____

Activity 8

Listen and Write

Listen to the audio file (02-3) and write what you heard on the space provided below.

1. _____

2. _____

3. _____

4. _____

5. _____

6. _____

7. _____

8. _____

9. _____

10. _____

Activity 9

Working on Listening Skills

Listen to the audio file (02-4) and complete the box below.

Pangalan	Bansa	Eskwelahan	Tirahan	Trabaho	Lugar
1. Carlos					
2. _____					
3. Diana					
4. _____					

Activity 10

Working on Translation

Give the Tagalog equivalent of the following sentences.

1. Where is Teresita?

_____

2. Teresita is in the office.

_____

3. Where do you live?

_____

4. I live in Bulacan, sir/ma'am.

_____

5. Where are they working?

_____

6. They are working for San Miguel.

_____

7. Where is the man from?

_____

8. The man is from Japan.

_____

9. Is the man from Japan?

_____

10. No. He is from China.

_____

LESSON 3

Mga Gusto at Ayaw (*Likes and Dislikes*)

Activity 1

Matching Activity

Match the words below with the English equivalent from the box.

a. boastful	b. humble	c. player	d. annoying	e. cockfighting
f. because	g. like	h. rude	i. handsome	j. dislike

_____ 1. **manlalaro**   _____ 2. **sabong**

_____ 3. **gusto**   _____ 4. **ayaw**

_____ 5. **bastos**   _____ 6. **pogi**

_____ 7. **mapagkumbaba**   _____ 8. **mayabang**

_____ 9. **kasi**   _____ 10. **nakakainis**

Activity 2

Forming Sentences with *Gusto* and *Ayaw*

Form sentences with **gusto** and **ayaw** using the words and phrases provided. Punctuate your sentences correctly.

1. **ng mansanas/ ni Brian / gusto**

   _____

2. **ng pansit/ niya/ ayaw**

   _____

3. **siya/ ko/ gusto**

   _____

4. **mo/ ang kotse/ gusto**

   _____

5. **ni Mike/ ayaw/ ng balut**

   _____

Activity 3

Working on Definite and Indefinite Objects

Complete the conversations below by choosing the correct word in parenthesis.

Word Bank

manood ng sine to watch a movie

Conversation 1:

Mike: **Sino ang paborito mong manlalaro ng beysbol?**

Mel: **Gusto ko (*si, ang*) Ken Griffey Jr. Ikaw? Gusto mo rin ba si Griffey?**

Mike: **Hindi. Ayaw ko siya.**

Conversation 2:

Fred: **Kumusta ang klase mo?**

Jed: **Mabuti naman. Gusto ko (*ng, ang*) propesor ko kasi magaling siya.**

Conversation 3:

Allan: **Sino ang bagong kaopisina mo?**

Joe: **Si Marites.**

Allan: **Gusto ba ninyo (*niya, siya*)?**

Joe: **Oo naman. Mabait siya.**

Conversation 4:

Melissa: **Gusto ba ninyong manood ng sine?**

Nelson: **Oo, pero ayaw ko (*ng, ang*) drama.**

Conversation 5:

Patrick: **Magaling ba si Manny Pacquiao?**

Mike: **Oo magaling siya. Talagang gusto ko (*si, ang*) Pacquiao.**

Forming Interrogative Sentences

Transform the sentences below into interrogative statements.

1. **Gusto ni Alicia si Martin.**

   _____

2. **Ayaw ka niya.**

   _____

3. **Ayaw sila ni Mike.**

   _____

4. **Ayaw niya sina Susan.**

   _____

5. **Gusto ng mga bata ang mga laruan.**

   _____

Working on Word Order

Rewrite the sentences below in the correct word order.

1. **Gusto ng mga empleyado siya.**

   _____

2. **Gusto niya ka.**

   _____

3. **Gusto ba mo si Melissa?**

   _____

4. **Ayaw si Martin ni Patricia.**

   _____

5. **Ayaw ng Pilipinong pagkain ni Karl.**

   _____

Activity 6

Editing

There are seven mistakes in Sheila and Jamie's conversation. The first mistake is already corrected. Find and correct six more.

Sheila: **Jamie, gusto ~~ka~~ [mo] ba ang mga tinda dito?**

Jamie: **Oo, gusto ako ang mga pantalon, pero ayaw ko nina damit at sapatos.**

Sheila: **Oo nga. Pero maganda naman ang mga tsinelas at mga bag dito.**

Jamie: **Ayaw ako ang mga tsinelas; masyadong matigas.**

Sheila: **Eh ang mga bag?**

Jamie: **Gusto ko ni ibang bag. Gusto ko sina malaki pero ayaw ako ang mga maliit.**

Sheila: **Oo nga. Maganda nga ang mga malaki.**

Activity 7

Working on Reading

Read the following messages from four different people and answer the comprehension questions in English.

Message 1

Magandang umaga! Ako si Patrick. Taga-Maynila ako. Ngayon, estudyante ako sa San Beda College. Arkitektura ang kurso ko. Nakatira ako sa dormitoryo. Gusto ko ng boksing at ayaw ko ng sayaw.

Message 2

Kumusta? Kardo ang pangalan ko. Taga-Bulacan ako. Estudyante ako sa Unibersidad ng Santo Tomas. Ingles ang kurso ko. Gusto ko ng musika at ayaw ko ng basketbol.

Message 3

Ano na? Ako si Sally. Taga-Tsina ako. Nag-aaral ako ng abogasiya sa Unibersidad ng Pilipinas. Gusto ko ng mga libro at ayaw ko ng musika.

Message 4

Kumusta kayo? Si Rica ito. Taga-Cebu ako. Nag-aaral ako ng medisina sa Far Eastern University. Ngayon, nakatira ako sa Maynila. Gusto ko ng musika at ayaw ko ng mga isports.

Comprehension Questions:

Message 1

Name: _____

School: _____

Major: _____

Hometown: _____

Residence: _____

Likes: _____

Dislikes: _____

Message 2

Name: _____

School: _____

Major: _____

Hometown: _____

Residence: _____

Likes: _____

Dislikes: _____

Message 3

Name: _____

School: _____

Major: _____

Hometown: _____

Residence: _____

Likes: _____

Dislikes: _____

Message 4

Name: _____

School: _____

Major: _____

Hometown: _____

Residence: _____

Likes: _____

Dislikes: _____

Activity 8

Listen and Write

Listen to the audio file (🎧 03-3) and write what you heard on the space provided below.

1. _____

2. _____

3. _____

4. _____

5. _____

6. _____

7. _____

8. _____

9. _____

10. _____

Working on Listening Skills

Listen to the audio file (🎧 03-4) and complete the box below.

		Player	Reason
1. Jimmy	Gusto	Kobe Bryant	_____ _____
	Ayaw	_____	Bastos
2. _____	Gusto	_____	_____ _____
	Ayaw	San Miguel Beermen	_____
3. Editha	Gusto	_____	_____ _____
	Ayaw	Dodgers	_____

Activity 10

Working on Translation

Give the Tagalog equivalent of the following sentences.

1. Who do you like?

_____

2. I like you.

_____

3. Do you like her?

_____

4. Yes. I like Linda.

_____

5. Does Mike like Sally?

_____

6. Do you not like boxing?

_____

7. She does not like sports.

_____

8. They like sports, sir/ma'am.

_____

9. What do they like?

_____

10. I like the Texas Rangers.

_____

UNIT 2: Pamilya (*Family*)

LESSON 4

Ang Pamilya Ko (*My Family*)

Activity 1

Matching Activity
Match the words below with the English equivalent from the box.

a. relative	b. godfather	c. cousin	d. wife	e. son/daughter
f. grandfather	g. oldest brother	h. family	i. nephew/niece	j. parents

_____ 1. **anak**

_____ 2. **kuya**

_____ 3. **mag-anak**

_____ 4. **ninong**

_____ 5. **pamangkin**

_____ 6. **kamag-anak**

_____ 7. **misis**

_____ 8. **mga magulang**

_____ 9. **pinsan**

_____ 10. **lolo**

Activity 2

Working on Possessive Pronouns and Markers
Complete the conversations below by choosing the correct word in parenthesis.

Conversation 1:
Mark: **Nasaan ang kaibigan (*ko, niya, mo*)?**
Heather: **Nasa kwarto ang kaibigan ko.**

Conversation 2:
Jessica: **Taga-Maynila ba ang nobyo (*ni Sally, ng Sally, nina Sally*)?**
April: **Hindi, taga-Ilocos ang nobyo niya.**

Conversation 3:
Danny: **Nasaan ang libro (*mo, ko, natin*)?**
Brian: **Nasa mesa ang libro mo.**

Conversation 4:
Pia: **Saan nagtatrabaho ang kaibigan (*niya, nila, ninyo*)?**
Angelo: **Nagtatrabaho ang kaibigan namin sa Cebu.**

Conversation 5:
Nadine: **Saan nag-aaral ang kapatid (*ni Maria, ng Maria, nina Maria*)?**
Gabbie: **Nag-aaral ang kapatid niya sa UST.**

Activity 3

Forming Sentences with Possessive Pronouns and Markers

Form sentences with possessive pronouns and markers using the words and phrases below. Punctuate your sentences correctly.

1. **ang kotse ko/ nasa garahe/ ba**

   _____

2. **ni Maria/ ang bahay niya/ ayaw**

   _____

3. **hindi ba/ ang kaklase mo/ taga-Cavite**

   _____

4. **ang kapatid niya/ sa probinsiya/ nagtatrabaho**

   _____

5. **ni Toto/ ang mga kaopisina niya/ gusto**

   _____

Activity 4

Working on Numbers

Answer the following questions using Tagalog numbers and possessive pronouns.

EXAMPLE: Q: **Ilang taon na ang tatay mo?**
   A: <u>**Limampu't walong taon na ang tatay ko.**</u>

1. **Ilang taon na ang nanay mo?**

   _____

2. **Ilang taon na ang kapatid mo?**

   _____

3. **Ilang taon na ang lolo mo?**

   _____

4. **Ilang taon na ang pinsan mo?**

_____

5. **Ilang taon na ang kaibigan mo?**

_____

Working on Positive and Negative Responses

Answer the following questions using positive and/or negative responses.

EXAMPLE: Q: **Nandito ba ang nanay mo?**
A: <u>**Wala. Wala dito ang nanay ko.**</u>

1. **Nandito ba ang titser mo?**

_____

2. **Nandoon ba sa bahay natin ang kaibigan ko?**

_____

3. **Nandiyan ba ang tatay mo?**

_____

4. **Nandito ba ang kapatid mo?**

_____

5. **Nandoon ba sa eskwelahan ang mga kaklase mo?**

_____

Editing

There are ten mistakes in Theron's biography. Find and correct them.

Ang Aking Pamilya

Ako si Theron Chen. Nakatira ko sa Melbourne kasama ang pamilya ko. Martha ang pangalan ang nanay ko

at Greg naman ang pangalan ng tatay ako. Ahente ang tatay ako at dentista naman ng nanay ko.

Dalawa ang kapatid ako. Mike at Susan ang mga pangalan sila. Kolehiyo si Mike. Nag-aaral siya ng accounting ng UCLA. Tapos (finished) na si Susan. Ngayon, nagtatrabaho niya sa opisina ng mga abogado. Mabait at matalino ang mga kapatid ako.

Activity 7

Working on Reading

Read Jose's biography and answer the comprehension questions in English.

Ang Talambuhay Ko

Ako si Jose Santos. Nakatira ako sa Los Angeles, California. Taga-Virginia ako pero lumipat (moved) ako sa California para sa eskwela. Si Cecilia ang asawa ko. Hindi siya taga-US, taga-Inglatera siya. Hawswayp si Cecilia at abogado ako.

Nag-aral kami sa UC Berkeley. Pagkatapos ng eskwela, nagpunta kami sa Los Angeles. Nagtatrabaho ako sa Perry and Humphrey Law Firm.

Sa 2020, magpupunta kami sa Pilipinas. Gusto namin ng mga libro pero ayaw namin ng mga bar at klab.

Comprehension Questions:

1. Saan nakatira si Jose Santos?

_____

2. Taga-Inglatera ba si Jose?

_____

3. Abogado ba si Cecilia?

_____

4. Saan nag-aral si Cecilia at Jose?

_____

5. Saan magpupunta sina Cecilia sa 2020?

_____

Activity 8

Listen and Write
Listen to the audio file (04-3) and write what you heard on the space provided below.

1. _____

2. _____

3. _____

4. _____

5. _____

6. _____

7. _____

8. _____

9. _____

10. _____

Activity 9

Working on Listening Skills
Listen to the audio file (04-4) and answer the following questions. Write your answers in the space provided.

1. _____

2. _____

3. _____

4. _____

5. _____

6. _____

7. _____

8. _____

9. _____

10. _____

Activity 10

Working on Translation

Give the Tagalog equivalent of the following phrases and sentences.

1. My brother's house

   _____

2. Our (inclusive) friend's girlfriend

   _____

3. Her sister's teacher

   _____

4. Mike's brother's classmate

   _____

5. Your roommate's car

   _____

6. My friend's father is fifty-five years old.

   _____

7. Her grandmother is here.

   _____

8. Is her friend over there? (far from both)

   _____

9. My sister's friend is from Chicago.

   _____

10. My friend's mother is in the Philippines.

   _____

LESSON 5

Paglalarawan ng mga Miyembro ng Pamilya
(*Describing Members of the Family*)

Activity 1

Matching Activity
Match the words below with the English equivalent from the box.

a. socks	b. mouth	c. eyes	d. young	e. polite
f. sandals	g. watch	h. pants	i. curly	j. yellow

_____ 1. **pantalon**   _____ 2. **medyas**

_____ 3. **relos**   _____ 4. **tsinelas**

_____ 5. **bibig**   _____ 6. **mata**

_____ 7. **bata**   _____ 8. **kulot**

_____ 9. **magalang**   _____ 10. **dilaw**

Activity 2

Modifier vs. Predicate
Write **M** if the adjective functions as a modifier and **P** if the adjective functions as a predicate.

_____ 1. **Magalang si Maria.**

_____ 2. **Gusto ko ang mga batang magalang.**

_____ 3. **Nasaan ang tahimik na bata?**

_____ 4. **Malaki ang sapatos ko.**

_____ 5. **Ayaw niya ng mga maikling damit.**

_____ 6. **Mainitin ang ulo ng nanay ko.**

_____ 7. **Siya ba ang maingay na bata?**

_____ 8. **Nasaan ang bago kong salamin?**

_____ 9. **Asul ang mga mata niya.**

_____ 10. **Nakadilaw na bestida ang babae.**

Activity 3

Working on *Na*, *-Ng*, and *-G*

Complete the sentences using **na**, **-ng**, or **-g** or write **X** if linkers are not necessary.

1. **Masipag _____ bata si Miguel.**

2. **Nakakatawa _____ ang kaibigan ninyo.**

3. **Gusto ko ng mabait _____ bata.**

4. **Ayaw nila ng maingay _____ estudyante.**

5. **Mahinhin _____ babae ang anak mo.**

6. **Maikli _____ ang buhok ni Myrna.**

7. **Mahiyain _____ bata ang pinsan ko.**

8. **Makapal _____ ang kilay ng kaklase ko.**

9. **Malaki _____ ang mga mata ng babae.**

10. **Tahimik _____ bata si Michael.**

Activity 4

Working on *Ma-* Adjectives

Rewrite the following sentences with words that are the opposite in meaning from the underlined adjectives. Use the vocabulary in the box.

magalang	matangkad	madaldal
masipag	malinis	tahimik

1. <u>Tamad</u> **na empleyado si Mario.**

   _____

2. <u>Maingay</u> **ang mga bata sa loob ng klase.**

   _____

3. <u>Maliit</u> **ang mga lalaki.**

   _____

4. <u>Marumi</u> **ang kuwarto ni Ben.**

   _____

5. <u>Bastos</u> **ang kaibigan ng anak mo.**

   _____

Working on *Naka-* Adjectives

Complete the sentences below by writing the appropriate **naka-** adjective form.

1. _____ (in yellow) **ang kaibigan ko.**

2. _____ (wearing a blouse) **si Jackie.**

3. _____ (in a white dress) **ba ang nanay ng kaibigan mo?**

4. _____ (wearing glasses) **ang lolo ko.**

5. _____ (wearing black shoes) **ang pinsan ko.**

6. _____ (wearing a hat) **ako.**

7. _____ (wearing a necklace) **ang dalaga.**

8. _____ (wearing slippers) **ba ang bata?**

9. _____ (wearing a ring) **si Sandra.**

10. _____ (wearing a red dress) **ang asawa ko.**

Activity 6

Editing

There are seven mistakes about Tobi's story. The first mistake is already corrected. Find and correct the remaining six.

Ito ang matalik̶a̶g̶ [na] kaibigan ko. Tobi ang pangalan niya. Ipinanganak siya sa Taiwan noong ika-25 ng Oktubre.

Taga-Cabanatuan siya. Malaki at magandang ang bahay nila sa Cabanatuan. Apat ang kuwarto at dalawang ang banyo. Gusto ko ang kuwarto niya. Malinis ito at may malaki kama sa gitna. Gusto ko rin ang sala nila. May malaki telebisyon at malambot sopa sila. Sa labas ng bahay nila, may malaki hardin. Maraming halaman sa hardin nila at may basketbolan din.

Noong bata kami, nasa bahay nila ako araw-araw pero ngayon, malayo na ang bahay namin. Nami-miss ko na ang kaibigan ko.

Activity 7

Working on Reading

Read the following personal advertisements from two different people and answer the comprehension questions in English.

Message 1

Ano na ang balita? Ako si Taka. Tatlumpung taon na ako at taga-Hapon ako. Nakatira ako ngayon sa Maynila. Nag-aaral ako sa Ateneo de Manila ng abogasiya. Mahaba at kulot ang buhok ko. Matangos ang ilong ko at maputi ako.

Gusto ko ng tahimik na mga babae at ayaw ko ng mga maiingay na tao.

Message 2

Kumusta na kayo? Ako si Mary Jane. Labing walo na ako. Taga-Cebu ako pero ngayon, nakatira ako sa Maynila. Nag-aaral ako sa Unibersidad ng Santo Tomas ng pre-med. Gusto ko ng mabait at magalang na mga lalaki. Ayaw ko ng mga mainitin ang ulo at bastos na mga lalaki.

Ako:
Maikli ang buhok, matangkad, at payat.

Comprehension Questions:

1. **Ilarawan si Taka.**

   _____

2. **Ano ang gusto at ayaw ni Taka?**

   _____

   _____

3. **Ilarawan si Mary Jane.**

   _____

4. **Ano ang gusto at ayaw ni Mary Jane?**

   _____

   _____

Activity 8

Listen and Write

Listen to the audio file (CD 05-3) and write what you heard in the space provided below.

1. _____
2. _____
3. _____
4. _____
5. _____
6. _____
7. _____
8. _____
9. _____
10. _____

Activity 9

Working on Listening Skills

Listen to the audio file (CD 05-4) and fill in the chart below.

> **Word Bank**
>
> **mga katangian** characteristics
> **katawan** body
> **taas** height

Pangalan	Katangian	Buhok	Mata	Ilong	Taas	Katawan
Shirley						
Brian						

Activity 10

Working on Translation

Give the Tagalog equivalent of the following sentences.

1. My mother is wearing a green blouse.

   _____

2. My brother has a pointed nose.

   _____

3. My dad is short-tempered.

   _____

4. Sally is a quiet kid.

   _____

5. Her eyebrows are thick.

   _____

6. Her hair is curly.

   _____

7. My friend's brother is bald.

   _____

8. I am wearing a button-down shirt.

   _____

9. Is she wearing a hat?

   _____

10. The polite guy is handsome.

   _____

LESSON 6

Pag-uusap Tungkol sa Pamilya (*Talking about Family*)

Activity 1

Matching Activity

Match the words below with the English equivalent from the box.

a. January	b. poor	c. rooster	d. clean	e. happy
f. patient	g. they say	h. horse	i. liar	j. best friend

_____ 1. **mahirap**   _____ 2. **malinis**

_____ 3. **Enero**   _____ 4. **tandang**

_____ 5. **kabayo**   _____ 6. **matalik na kaibigan**

_____ 7. **masaya**   _____ 8. **matiyaga**

_____ 9. **sinungaling**   _____ 10. **daw/raw**

Activity 2

Working on *Na*, *-Ng*, and *-G*

Complete the sentences using **na**, **-ng**, or **-g** or write **X** if linkers are not necessary.

1. **May _____ bisita sa labas.**

2. **Mayroon ba _____ pagkain sa bahay?**

3. **Wala _____ kotse si Miguel.**

4. **May _____ aso ka ba?**

5. **Wala sila _____ alagang isda.**

6. **Mayroon sila _____ bahay-bakasyunan sa Boracay.**

7. **May mga _____ kabayo ba sa parke?**

8. **Wala raw _____ kuneho si Miguel.**

9. **Wala pa ako _____ pera.**

10. **May _____ matalik na kaibigan ka ba?**

Activity 3

Forming Sentences with *May*, *Mayroon*, and *Wala*

Form sentences with the words and phrases below using **ng**, **-na**, or **-g** or no linker before the underlined words.

1. <u>bisita</u>/ mayroon/ ako/ sa labas

_____

2. wala/ <u>kotse</u>/ siya

_____

3. <u>bahay-bakasyunan</u>/ may/ sa Pilipinas/ ako

_____

4. mayroon/ <u>loro</u>/ si Mike/

_____

5. <u>pera</u>/ wala/ siya

_____

Activity 4

Forming Yes/No Questions

Form yes/no questions using the words and phrases provided. Punctuate your sentences correctly, and don't forget to use linkers.

1. **Mayroong aso sa bahay mo.**

_____

2. **May aso si Nelson.**

_____

3. **Walang pera ang bata.**

_____

4. **Mayroong bahay sa Cebu ang nanay mo.**

_____

5. **May pusa si Maria.**

_____

Activity 5

Working on *May* and *Mayroon*

Mike and Kate are cooking a Filipino dish. Complete the dialogue below by choosing the correct word in parenthesis.

```
Word Bank

niluluto cooking
gabi taro
labanos radish
naglagay put
sili chili pepper
kanin rice
magluto to cook
```

Mike: **Ano ang niluluto mo?**

Kate: **Sinigang.**

Mike: (*Mayroon*, *May*, *Wala*) **bang gabi ang sinigang?**

Kate: **Oo pero** (*mayroon*, *may*, *wala*) **akong labanos.**

Mike: **Ayos lang. Hindi naman masarap ang labanos eh. Naglagay ka ba ng sili?**

Kate: **Oo naman.** (*Mayroon*, *May*, *Wala*) **dalawang sili dito.**

Mike: (*Mayroon*, *May*, *Wala*) **na ba tayong kanin?**

Kate: (*Mayroon*, *May*, *Wala*) **pa. Magluto ka nga.**

Activity 6

Working on Numbers

Answer the following questions in Tagalog.

1. **Ano ang pangalan ng tatay mo?**

    _____

    Kailan ang kaarawan ng tatay mo?

    _____

2. **Ano ang pangalan ng kaibigan mo?**

    _____

Kailan ang kaarawan ng kaibigan mo?

_____

3. **Ano ang pangalan ng kapatid mo?**

_____

Kailan ang kaarawan ng kapatid mo?

_____

4. **Ano ang pangalan ng pinsan mo?**

_____

Kailan ang kaarawan ng pinsan mo?

_____

Activity 7

Working on Reading

Read Mike's description of his room and fill in the chart on page 42 in English.

Word Bank

loob inside
kama bed
unan pillow
ibabaw on top of
ilaw light
tokador drawer

Ang Kuwarto Ko

Ako si Mike. Gustong-gusto ko ang kuwarto ko. Mayroon akong malaking kama sa loob ng kuwarto ko. May dalawang unan sa ibabaw ng kama ko. Sa tabi ng kama ko, mayroong isang mesa. Sa ibabaw ng mesa, mayroong mga libro at ilaw. May malaki rin akong tokador. Nasa loob ng tokador ang mga damit ko at ang koleksyon ko ng sumbrero.

Wala akong radyo sa loob ng kuwarto ko pero mayroon akong telebisyon na may cable. Gustong-gusto ko ang kuwarto ko. Puwede akong hindi lumabas ng kuwarto buong araw basta may pagkain lang ako.

Chart

In English, write all the things that Mike has in his room in the **Mayroon** column, and write the things that he does not have in the **Wala** column.

Mayroon	Wala

Activity 8

Listen and Write

Listen to the audio file (06-3) and write what you heard on the space provided below.

1. _____

2. _____

3. _____

4. _____

5. _____

6. _____

7. _____

8. _____

9. _____

10. _____

Working on Listening Skills

Listen to the audio file (06-4) and write the correct information in the space provided below.

Pangalan	Kaarawan (Birthday)	Mayroon	Wala
Carlitos			
Cynthia			
Mandy			
Gregorio			

Activity 10

Working on Translation

Give the Tagalog equivalent of the following sentences.

1. My father was born on March 25th.

_____

2. Sheila's friend was born on January 2nd.

_____

3. I have two cats. (use **may**)

_____

4. They have two dogs. (use **mayroon**)

   _____

5. I don't have pets.

   _____

6. They say he has a vacation house in Boracay.

   _____

7. My friend has two turtles, sir. (use **may**)

   _____

8. Does she have a rooster? (use **mayroon**)

   _____

9. I have a parrot too. (use **may**)

   _____

10. Casey has a fast horse. (use **mayroon**)

   _____

UNIT 3: Mga Gawain (*Activities*)

LESSON 7

Mga Gawain sa Araw-araw (*Daily Activities*)

Activity 1

Matching Activity

Match the words below with the English equivalent from the box.

a. to clean	b. to brush teeth	c. to meet with someone	d. to shave
e. to study	f. to work	g. to talk with someone	h. to cook
i. to write	j. to change clothes		

_____ 1. **mag-aral**   _____ 2. **magbihis**

_____ 3. **magsipilyo**   _____ 4. **maglinis**

_____ 5. **magluto**   _____ 6. **magkita**

_____ 7. **mag-ahit**   _____ 8. **magsulat**

_____ 9. **magtrabaho**   _____ 10. **mag-usap**

Activity 2

Working on Conjugation

Conjugate the following root words using the **mag-** verbal affix.

Root: **Ipon**		Root: **Lagay**
	Infinitive	
	Completed	
	Incompleted	
	Contemplated	

Root: **Almusal**		Root: **Turo**
	Infinitive	
	Completed	
	Incompleted	
	Contemplated	

Activity 3

Working on Markers

Complete the sentences below by circling the correct word in the parenthesis.

1. **Nagsipilyo (*ang, ang mga, si, ng*) ngipin ang bata kaninang umaga.**

2. **Maglilinis ng bahay (*ang, ang mga, si, ng*) Sally mamayang gabi.**

3. **Maglaro (*kami, tayo, siya, sila*) ng patintero.**

4. **Nag-aaral (*si, sina, siya, ang*) Tita ng kasaysayan sa UP.**

5. **Maglalagay ako (*ang, ang mga, si, ng*) pagkain sa rep.**

6. **Gumigising ako (*ang, ang mga, ng, nang mga*) alas singko ng umaga.**

7. **Nagtatanghalian (*ang, ng, si, sina*) bata sa kapetirya.**

8. **Naghahapunan (*ng, ng mga, ang, ang mga*) adobo sina Lucy.**

9. **Magkakape (*si, sina, ang, ang mga*) Jamie at Bernie sa hapon.**

10. **Nagsaing na (*si, sina, ang, ang mga*) Vera.**

Activity 4

Working on Days of the Week

Here is Stephen's schedule for the week. He was in such a hurry that he left out the names of the days. Complete the chart for him, and then answer the following questions in complete Tagalog sentences.

Linggo		Martes				
Magpunta sa bahay ng kaibigan			Magkakape kasama si Mark	Mag-aalmusal kasama si Jose		Magpapahinga
		Magbabasa ng libro para sa Political Science				Maglilinis ng bahay
Mag-aaral	Maghahapunan sa restawran kasama si Sheila		Magsusulat			Magsusulat

1. On what day will Stephen go to his friend's house?

_____

2. On what day does he clean his house?

_____

3. What will he do on Tuesday?

_____

4. Which day is Stephen not doing anything?

_____

5. Which days does he write?

_____

6. What day is he having dinner with Sheila?

_____

7. What day does he have time to rest?

_____

8. What day will he study?

_____

9. When is he having coffee with a friend?

_____

10. What day is his breakfast date?

_____

Activity 5

Working on Time

Below is Lucy's typical day. In complete sentences, describe what Lucy's typical day is like by answering the questions below. The first sentence is done for you.

6:00	**Gumigising**	11:00	**Klase ng Ingles**
7:00	**Naliligo, nagsisipilyo**	12:00	
8:00	**Nag-aalmusal**	1:00	**Tanghalian sa dorm**
9:00	**Pumapasok sa klase sa Matematika**	2:00	**Klase sa Microbiology**
10:00		3:00	

4:00	Klase sa Tagalog
5:00	
6:00	Miting kasama ang mga kaklase
7:00	Naghahapunan

8:00	Gym
9:00	Umuuwi sa bahay
10:00	Natutulog

1. **Anong oras gumigising si Lucy araw-araw?**
   <u>**Araw-araw, gumigising si Lucy nang alas sais ng umaga.**</u>

2. **Anong oras siya nag-aalmusal?**

   _____

3. **Anong oras ang klase niya sa Ingles?**

   _____

4. **Anong oras siya pumapasok sa klase sa Matematika?**

   _____

5. **Anong oras siya nagtatanghalian?**

   _____

6. **Kailan ang klase niya sa Microbiology?**

   _____

7. **Anong oras ang miting niya?**

   _____

8. **Anong oras siya nagpupunta sa gym?**

   _____

9. **Anong oras siya umuuwi?**

   _____

10. **Anong oras siya natutulog?**

    _____

Activity 6

Editing

There are seven grammar mistakes in Nelson's schedule for today. The first mistake is already corrected. Find and correct the six others.

8:30	Maghihilamos at ~~nagsipilyo~~ magsisipilyo ako.

10:30	**Magaalmusal ako sa Portico.**
12:15	**Magkikita ako at ni JR.**
2:00	**Magpunta kami sa bahay ni Jhoana.**
5:00	**Maglalaro kami ang pusoy dos.**
6:30	**Maghapunan kami.**
9:00	**Magpupunta ako si bahay ko.**

Working on Reading

Read the text below and answer the comprehension questions in English.

Jerry: **Kumusta ka na, Nerissa?**

Nerissa: **Ayos lang.**

Jerry: **Ikaw, ano ang mga ginagawa mo ngayong mga araw?**

Nerissa: **Wala naman. Pumapasok ako sa eskwela araw-araw at nag-aaral sa bahay. Ikaw? Kumusta ang trabaho mo?**

Jerry: **Mabuti naman. Bisi kami ngayon sa trabaho. Pumapasok ako nang alas siyete ng umaga at umuuwi ako nang alas singko.**

Nerissa: **Grabe! Nakakapagod ang trabaho mo.**

Jerry: **Oo. Pero masaya naman.**

Nerrisa: **O sige, kung may oras ka, maghapunan tayo.**

Jerry: **O sige. Libre ako sa Sabado.**

Nerrisa: **O sige. Magkita tayo sa Sabado.**

Comprehension Questions:

1. **Ano ang tipikal na araw ni Nerissa?**

_____

2. **Ano'ng oras pumapasok si Jerry sa opisina?**

_____

3. **Ano'ng oras umuuwi si Jerry sa bahay?**

_____

4. **Magtatanghalian ba sina Jerry at Nerrisa?**

_____

5. **Kailan magkikita sina Jerry at Nerrisa?**

_____

Activity 8

Listen and Write

Listen to the audio file (🎧 07-3) and write what you heard in the space provided.

1. _____

2. _____

3. _____

4. _____

5. _____

6. _____

7. _____

8. _____

9. _____

10. _____

Activity 9

Working on Listening Skills

Listen to the audio file (🎧 07-4) and complete the box below.

Pangalan	Lunes	Martes	Miyerkules	Huwebes	Biyernes
Jaime			Pumupunta sa bahay ng kaibigan.		

Pangalan	Lunes	Martes	Miyerkules	Huwebes	Biyernes
Editha	**Nag-aaral ng matematika.**				

Activity 10

Working on Translation

Give the Tagalog equivalent of the following sentences.

1. I read the newspaper every morning.

   _____

2. My friend goes to school at seven in the morning.

   _____

3. She goes home at five.

   _____

4. They drink coffee every day.

   _____

5. Peter and Maria will eat lunch at Café Juanita.

   _____

6. Sally cleaned the house yesterday.

   _____

7. Tomorrow I will wash my clothes.

   _____

8. My friend will cook **sinigang** tonight.

   _____

9. We met yesterday.

   _____

10. I worked yesterday.

   _____

LESSON 8

Mga Libangan (*Hobbies*)

Matching Activity

Match the words below with the English equivalent from the box.

Ang Pronouns						
a. **kami**	b. **ako**	c. **tayo**	d. **sila**	e. **ka**	f. **kayo**	g. **siya**

Sa Pronouns

_____ 1. **sa akin**   _____ 2. **sa iyo**

_____ 3. **sa atin**   _____ 4. **sa amin**

_____ 5. **sa kanila**   _____ 6. **sa inyo**

_____ 7. **sa kaniya**

Changing Present to Future

Change the verbs in this paragraph from the incompleted to the contemplated aspect. Rewrite the paragraph in the space provided. Don't forget to change the adverbs of time as well.

Nagpupunta ako sa gym tuwing Biyernes. Una, nagbubuhat ako ng mga weights pagkatapos, nagbabasketbol ako. Nagbabasketbol ako kasama ang mga kaibigan ko. Pagkatapos, nagsu-swimming ako. Nagsu-swimming ako nang isang oras. Pagkatapos, nagpupunta kami ng mga kaibigan ko sa isang restawran. Naghahapunan kami kasama ang mga iba pa naming kaibigan. Ito ang Biyernes ko.

_____

_____

_____

_____

_____

_____

_____

Activity 3

Forming Negative Sentences

Transform the following from affirmative into negative sentences.

1. **Maglilinis siya ng bahay sa Miyerkules.**

   _____

2. **Nagpunta po si Maria sa bahay ninyo.**

   _____

3. **Mag-aaral ba si Mark sa aklatan mamaya?**

   _____

4. **Naghahanap ako ng pagkain sa loob ng rep.**

   _____

5. **Mag-uusap kami mamaya.**

   _____

6. **Nagha-hiking sina Paloma taun-taon.**

   _____

7. **Magkakaraoke sila samakalawa.**

   _____

8. **Nagdya-jogging siya lagi.**

   _____

9. **Nagpraktis sila ng drum kamakalawa.**

   _____

10. **Nagkokompyuter siya araw-araw.**

    _____

Working on Markers

Complete the sentences below by circling the correct word in the parenthesis.

1. **Magtuturo (*ang, ng, sa*) Kasaysayan (*si, ni, kay*) Bb. Santos sa mga bata.**

2. **Nag-uwi siya (*ang, ng, sa*) laruan (*para sa, para sa mga, para kay*) Peping.**

3. **Nag-bake (*ang, ng, sa*) keyk (*ang, ng, sa*) babae.**

4. **Magdadala kami ng litson (*ang, ng, sa*) bahay ni Martha.**

5. **Nagbibigay ng regalo (*si, ni, kay*) Mario sa mga kaibigan niya tuwing Pasko.**

6. **Nagtuturo siya (*ang, ng, sa*) Tagalog (*si, ni, kay*) Marko.**

7. **Magluluto raw ng adobo (*ang, ng, sa*) nanay (*para sa mga, para kay, para sa*) Roy.**

8. **Nagbayad kami (*ang, ng, sa*) sampung piso (*ang, ng, sa*) babae.**

9. **Mag-aaral (*ang, ng sa*) sayaw (*si, ni, kay*) Vita.**

10. **Magbabasketbol (*ang mga, ng mga, sa mga*) lalake (*ang, ng, sa, para sa*) gym**

Working on Adverbs

Fill in the blanks with the appropriate adverb in the paragraph below.

Gumising ako nang tanghali _____ (earlier this morning). _____

(Every day) **gumigising ako nang alas-siyete ng umaga pero ngayong Lunes, alas dose na ako nagising. Nag-hik-**

ing kasi kami _____ (yesterday) **at napagod ako. Matutulog pa sana ako pero** _____

(every now and then) **nagri-ring ang telepono.** _____ (Later this afternoon) **may miting ako**

nang alas tres. _____(Every week) **ang miting namin. Sana** _____(tomor-

row morning), **hindi na ako pagod.**

Activity 6

Editing

There are six mistakes in the use of **mag-** verbs in the dialogue below. The first mistake is already corrected. Find and correct the five others.

Maria: **Saan ~~mo~~ (ka) magpupunta?**

Richard: **Sa bayan lang.**

Maria: **Bakit?**

Richard: **Magkita kami ng mga kaibigan ko ng bayan.**

Maria: **Ano'ng gagawin ninyo?**

Richard: **Magmimiryenda kami sa Jollibee, pagkatapos, magsine kami. Ikaw ano ang plano mo ngayong araw?**

Maria: **Mag-aaral ko hanggang alas tres. Pagkatapos, magpupunta ako ng bahay ng kaibigan ko. Tapos, mag-boboling kami sa gabi.**

Richard: **O sige. Mag-enjoy kayo.**

Maria: **O sige. Ingat!**

Activity 7

Working on Reading

Read the text below and answer the comprehension questions in English.

Magandang umaga sa inyong lahat. Ako si Noel. Taun-taon nagbabakasyon kami sa probinsiya ng lola ko sa Bataan sa Pilipinas. Nagpupunta kami doon sa buwan ng Mayo. Marami kaming mapupuntahan at magagawa doon. Marami din kaming mga kamag-anak at kaibigan na pwedeng puntahan. Pwedeng magpunta sa piyesta, at magpasyal sa Bundok Samat. Maganda ring mag-hiking at magbisikleta. Pwede ring magdaan sa mga lumang simbahan at magpunta sa Subic. Sa gabi, nagkukuwento ang lola ko sa amin pagkatapos ng hapunan.

Comprehension Questions:

1. **Saan nagbabakasyon si Noel taun-taon?**

_____

2. **Kailan sila nagbabakasyon?**

_____

3. **Sino ang puwede nilang puntahan doon?**

_____

4. **Ano ang pwedeng magawa doon?**

_____

5. **Anong ginagawa ng lola pagkatapos ng hapunan?**

_____

Activity 8

Listen and Write

Listen to the audio file (🎧 08-3) and write what you heard in the space provided below.

1. _____

2. _____

3. _____

4. _____

5. _____

6. _____

7. _____

8. _____

9. _____

10. _____

Activity 9

Working on Listening Skills

Listen to the audio file (🎧 08-4) and complete the box below.

```
┌─────────────────────────────────────────────┐
│                  Word Bank                   │
│                                              │
│   magic mic term for karaoke microphone      │
│            uniporme uniform                  │
│              kaya that's why                 │
└─────────────────────────────────────────────┘
```

Pangalan (Name)	Libangan (Hobby)	Pangalan (Name)	Libangan (Hobby)
1. Lorenzo		2.	**magsayaw**
3. Carolina		4. Wendell	
5.	**mag-shopping**		

Activity 10

Working on Translation

Give the Tagalog equivalent of the following sentences.

1. Every week we watch movies.

   _____

2. She does not eat breakfast every morning.

   _____

3. Next year we will go to Bohol.

   _____

4. They teach the students the **itik-itik** dance every night.

   _____

5. We will bring provisions when we go hiking.

   _____

6. Sandra will go biking tomorrow afternoon.

   _____

7. Michael and Ruel dropped by earlier.

   _____

8. My friends are always strolling in the park.

   _____

9. Amelia will play the piano and Sonia will play the drums the next two days.

   _____

10. Manny brought the books to our place (exclusive) two days ago.

   _____

LESSON 9

Pamimili (*Shopping*)

Matching Activity

Match the words below with the English equivalent from the box.

a. to look at	b. to help	c. to look for something/someone	d. to go	e. to enter
f. to borrow money	g. to buy	h. to get	i. to go home	j. to spend

_____ 1. **pumunta**   _____ 2. **bumili**

_____ 3. **tumingin**   _____ 4. **humanap**

_____ 5. **pumasok**   _____ 6. **umutang**

_____ 7. **tumulong**   _____ 8. **gumastos**

_____ 9. **kumuha**   _____ 10. **umuwi**

Working on Conjugation

Conjugate the following root words using the **-um-** verbal affix.

Root: **Gastos**		Root: **Hiram**
	Infinitive	
	Completed	
	Incompleted	
	Contemplated	

Root: **Utang**		Root: **Tingin**
	Infinitive	
	Completed	
	Incompleted	
	Contemplated	

Activity 3

Working on Markers

Complete the sentences below by choosing the correct word in parenthesis.

1. **Magkano (*si, ang, ng, ng mga*) manipis na bestida?**

2. **Kasiyang-kasiya lang (*siya, niya, sa kanya, para sa kanya*) ang amerikana.**

3. **Magkano (*si, ni, ang, sa*) bili mo (*ng, sa, ang*) sumbrero sa Pilipinas ngayon?**

4. **Bibili (*ang, ng, sa, para sa*) isang daang pares ng medyas (*si, ang mga, ng, ng mga*) Myra ngayong gabi.**

5. **Gumastos (*ako, ko, sa, niya*) ng isang libong piso (*para sa, para kay, ng*) mga libro ngayong taon.**

Activity 4

Changing Completed to Contemplated Aspect

Change the verbs in the paragraph from the completed to the contemplated aspect, making sure to change the adverbs to conform to the aspect. Rewrite the paragraph in the space provided below.

May sale sa Mall of Asia noong isang linggo. Pumunta ako noong Lunes. Humanap ako ng bagong bestida para sa kaarawan ko noong Biyernes. Bumili ako ng mahabang asul na bestida na maiksi ang manggas, maluwang ang palda, at magaan ang tela. Mura daw ang presyo. Dalawang daan lang ang bayad. Tumingin din ako ng kuwintas, pulseras, at hikaw. Gumastos ako ng walong daang piso sa Mall of Asia noong Lunes.

_____

_____

_____

_____

_____

Activity 5

Editing

There are six mistakes in the verb forms in this note to Malou from Florence. The first mistake is already corrected. Find and correct the other five.

Malou,

~~**Tatawag**~~ **Tumawag kanina si Tita Nena. Humiram daw siya bukas ng isang libong piso para pan-down sa**

kotse.

Bumibili siya ng murang kotse sa kaibigan niya. Tumitingin siya noong isang linggo sa internet at humahanap

ng presyo ng kotse na kasiyang-kasiya sa budget niya. Hindi siya gumagastos nang mahal para sa kotse.

Sige! Salamat!

Florence

Activity 6

Working on Numbers

A. Write the numeral corresponding to the following spelled-out numbers.

siyamnapung libo pitong daan	90700
apat na raan at tatlumpu	
sampung libo walong daan	
siyam na raan at siyamnapu	
animnapung libo at limampu't anim	
apat na libo siyamnapu	

B. The numbers above are not in consecutive order. Rewrite the numbers in words from the smallest to the largest in the blanks provided.

1. _____

2. _____

3. _____

4. _____

5. _____

6. _____

Activity 7

Working on Reading

Read the dialogue and answer the comprehension questions in English.

Janice and Megan were schoolmates in high school. They have not seen each other for almost five years.

Janice: **Megan, Ikaw ba yan?**

Megan: **Janice? O, ano nang balita?**

Janice: **Nagtatrabaho ako ngayon dito sa Shoe Mart.**

Megan: **Talaga? Bertdey ng nanay ko sa isang linggo at naghahanap ako ng regalo para sa kanya.**

Janice: **Tamang–tama, may sale kami ngayon. Ano'ng gusto mo, kuwintas? Pulseras? Mura lang. Tumingin ka rito. Halika, lumapit ka.**

Megan: **Magkano ba?**

Janice: **Ang kuwintas, sampung libo walong daan. Yung Mother of Pearl, limampung libo siyamnaraan at lima. Ang relos, isang libo lang.**

Megan: **Ang mahal naman.**

Janice: **Hindi, mura na ngayon. May diskwento ka pa.**

Megan: **O sige. Tumulong ka sa aking humanap ng mura!**

Comprehension Questions:

1. **Ano si Janice?**

   _____

2. **Saan nagtatrabaho si Janice?**

   _____

3. **Bakit nandoon si Megan?**

   _____

4. **Magkano ang Mother of Pearl?**

   _____

5. **Bibili ba si Megan? Ipaliwanag.** (Explain)

   _____

Activity 8

Listen and Write

Listen to the audio file (🎧 09-3) and write what you heard on the space provided below.

1. _____

2. _____

3. _____

4. _____

5. _____

6. _____

7. _____

8. _____

9. _____

10. _____

Activity 9

Working on Listening Skills

Listen to the audio file (🎧 09-4) and complete the box below.

Pangalan (Name)	Binili (Bought)
1. Joey	
2.	**pulseras**
3. Agnes	
4. Lorie	
5.	**medyas**

Activity 10

Working on Translation

Give the Tagalog equivalent of the following sentences.

1. Maria spent $400 yesterday.

_____

2. They bought shoes and sunglasses.

_____

3. My friend is looking for a trendy hat.

_____

4. They will go to Mall of Asia on Sunday.

_____

5. My sister borrowed two hundred pesos from me last night.

_____

6. They say Marc and Sheila are buying new clothes at Trinoma.

_____

7. They are not selling clothes.

_____

8. Sheila did not buy the dress for me at Zara two days ago.

_____

9. Who borrowed my watch?

_____

10. Does she go to the mall every week?

_____

UNIT 4: Tahanan (*Home*)

LESSON 10

Ang Aking Bahay (*My House*)

Definition
Match the words below with the English equivalent from the box.

a. bright	b. stove	c. spacious	d. clock	e. closet
f. hot, warm	g. bench/stool	h. dipper	i. stair	j. dresser

_____ 1. **aparador**   _____ 2. **tokador**

_____ 3. **bangko**   _____ 4. **hagdan**

_____ 5. **tabo**   _____ 6. **maliwanag**

_____ 7. **orasan**   _____ 8. **kalan**

_____ 9. **maluwang**   _____ 10. **mainit**

Working on Prepositions
Answer the following questions using **nasa**, **sa**, or **wala sa**. Use the English sentences inside the parenthesis to guide you in your response.

1. **Nasaan ang mga libro?** (The books are on top of the table.)

   _____

2. **Saan ka naglagay ng mga halaman?** (I placed the plants in front of the house.)

   _____

3. **Saan kayo nag-almusal nina Sally?** (We had breakfast at the cafeteria in back of the dorm.)

   _____

4. **Nasaan ang lampara?** (The lamp is near the computer on top of the cabinet.)

   _____

5. **Nasa loob ba ng tokador ang kulambo?** (No, the mosquito net is not inside the dresser.)

   _____

Activity 3

Working on Enclitics
Fill in the blank with the appropriate enclitic in the following sentences.

1. **Nasa ibabaw _____ ng mesa ang plorera?** (question marker)

2. **Nasa tabi _____ ng kompyuter ang litrato.** (sir/madam)

3. **Wala _____ sa gitna ng sopa at telebisyon ang bentilador.** (already)

4. **May kulambo at kumot _____ sa loob ng kuwarto.** (also)

5. **Maglalagay _____ ako ng pagkain sa rep.** (they say)

Activity 4

Working on Information Questions
Write information questions about the underlined words or phrases in each statement, using the English word in parenthesis as your cue.

1. **Nag-almusal si Steven <u>sa Jollibee</u>.** (Where)

_____

2. **Nasa ibabaw ng pulang mesa <u>ang adobo ni nanay</u>.** (What)

_____

3. **May mga malalaking kuwadro at litrato <u>sa dingding</u>.** (Where)

_____

4. **Nasa <u>malaking basurahan</u> ang sira-sirang walis.** (Where)

_____

5. **<u>Nasa Makati</u> ang komportable at maluwang na bahay nina Gregorio.** (Where)

_____

Sentence Structure

Convert the following **nasa** sentences into negative sentences by using **wala sa**. The first one is done for you.

1. **Nasa ibabaw ba ng mesa ang kakaibang plorera?**
   Wala ba sa ibabaw ng mesa ang kakaibang plorera?

2. **Nasa loob ng banyo ang asul na tabo.**

   _____

3. **Nasa gitna ng mga kabinet ang maliit na kalan.**

   _____

4. **Nasa labas ng bahay ang puno at mga halaman.**

   _____

5. **Nasa itaas ng aparador ang mahabang kurtina.**

   _____

6. **Nasa tapat ng bunggalo ang malaki at mataas na bilding.**

   _____

7. **Nasa likod ng sira-sirang kubo ang bahay namin.**

   _____

8. **Nasa tabi ng basurahan ang sirang orasan.**

   _____

9. **Nasa loob ng aparador ang kobrekama, kulambo, kumot, at unan.**

   _____

10. **Nasa loob ng bahay ang mababang bangko, sopa, silya, at salamin.**

    _____

Activity 6

Editing

Diana and Noel are siblings. Diana put away Noel's stuff and left a note to help him find things. There are seven grammatical mistakes in her note. The first is already corrected. Find and correct the other six.

Word Bank

inayos cleaned up
binago changed

Noel,

Naglinis ako ng bahay kanina at inayos ko na rin ang iba mong mga gamit.

Heto ang mga binago ko.

Nasa banyo ~~ng~~ ang tabo.

Sa loob ang kabinet ng kompyuter.

Ang ibabaw ang kama ng kumot, unan, kulambo, at banig.

Nasa tabi ng kompyuter ang litrato mo.

Nakasabit sa dingding ang orasan.

Nasa harap ng telebisyon ang radyo.

O sige! Magkita na lang tayo mamaya.

Ate Diana

Activity 7

Working on Reading

Read the conversation below and answer the comprehension questions in English.

Vita: **Oy Azenith, tuloy ka. Pasensya ka na magulo dito.**

Azenith: **Ayos lang. Gusto ko nga ang bahay mo eh. Uy, ang ganda ng mga painting sa dingding mo. Saan ka bumili ng mga ito?**

Vita: **Sa Egypt, noong nagpunta ako doon. Teka, tingnan mo ang loob ng kuwarto ko.**

Azenith: **Wow, ang laki! Ang ganda ng kobrekama mo. Ilan lahat ang kuwarto dito?**

Vita: **Dalawa sa itaas at isa sa ibaba, pero isa lang ang CR namin.**

Comprehension Questions:

1. **Nasaan sina Vita at Azenith?**

_____

2. **Saan bumili si Vita ng mga painting sa dingding?**

_____

3. **Ilarawan ang kuwarto ni Vita.**

_____

4. **Ilan ang kuwarto sa bahay ni Vita?**

_____

5. **Ilan ang CR?**

_____

Activity 8

Listen and Write

Listen to the audio file (🎧 10-3) and write what you heard in the space provided below.

1. _____

2. _____

3. _____

4. _____

5. _____

6. _____

7. _____

8. _____

9. _____

10. _____

Activity 9

Working on Listening Skills

Listen to the audio file (🎧 10-4) and write your answers to the questions in the blank provided.

1. _____

2. _____

3. _____

4. _____

5. _____

6. _____

7. _____

8. _____

9. _____

10. _____

Activity 10

Working on Translation

Give the Tagalog equivalent of the following sentences.

1. The plant is next to the couch.

   _____

2. Are the books on top of the table?

   _____

3. Is the mat under my bed?

   _____

4. There is an electric fan next to the circular table.

   _____

5. There are photos on top of my computer.

   _____

6. There is no clock inside this room, sir.

   _____

7. Martin likes the curtain inside your room.

   _____

8. She does not like the unusual lamp in between the two plants.

   _____

9. The kids will go upstairs.

   _____

10. Did they go outside their room?

    _____

LESSON 11

Ang Paborito Kong Lugar (*My Favorite Place*)

Activity 1

Definitions

Match the words below with the English equivalent from the box.

a. mountain	b. port	c. twilight	d. lake	e. rainbow
f. rice field	g. island	h. forest	i. beach	j. summer

_____   1. **bahaghari**   _____   2. **palayan**

_____   3. **gubat**   _____   4. **tabing-dagat**

_____   5. **tag-init**   _____   6. **bundok**

_____   7. **daungan**   _____   8. **takipsilim**

_____   9. **lawa**   _____   10. **isla/pulo**

Activity 2

Changing Adjectives to Intensified Degree by Reduplication

Change the adjectives in the paragraph from positive degree to intensified degree. Rewrite the paragraph in the space provided.

Taun-taon, nagbabakasyon kami sa Pilipinas. Pumupunta kami doon tuwing tag-init. Umaalis agad kami sa *mainit, matao,* **at** *maalikabok* **na Maynila. Sumasakay kami ng isang** *maliit* **na eroplano papunta sa Bohol.** *Maganda* **at** *makasaysayan* **ang Bohol.** *Sariwa* **ang hangin at** *palakaibigan* **ang mga tao. Nandoon ang** *lumang* **simbahan ng Baclayon. Doon din nagsandugo** (blood compact) **ang Espanyol na kongkistador na si Miguel Lopez de Legazpi noong 1565 at si Raha Sikatuna, ang lider ng mga taga isla ng Bohol.**

_____

_____

_____

_____

_____

Activity 3

Forming Superlative Degree of Adjective

Transform the adjectives in the following sentences into superlative degree by adding **pinaka-** to the positive degree.

1. **Malinis ang kulay berdeng tubig sa dagat.**

   _____

2. **Sariwa ang hangin sa probinsiya namin sa Batangas.**

   _____

3. **Mataas ba ang Bundok Apo sa Davao?**

   _____

4. **Makaluma ang mga tao sa bayan ng Calumpit, Bulacan.**

   _____

5. **Madilim ang loob ng kuweba sa Palawan.**

   _____

Activity 4

Working on Comparative Degree of Adjective

Complete the sentences below by choosing the correct word or words inside the parenthesis.

1. **Mas (***kasaysayan, makasaysayan***) ang Bohol kaysa sa Vigan.**

2. **Mas mahal (***ang, ng, sa***) laruan na kotse kaysa sa laruang bola.**

3. **Mas maulan (***ang, ng, sa***) Pilipinas kaysa sa Hawaii.**

4. **Mas (***matulungin, tulungin***) ang mga taga-Iloilo kaysa sa mga taga-Maynila.**

5. **Mas *pino at puti* ang buhangin sa Boracay kaysa (***ang, ng, sa***) Pagudpod.**

6. **Mas (***napakaraming, maraming***) bagyo sa Batanes kaysa sa Mindanao.**

7. **Mas tahimik (***ang, ng, sa***) nayon kaysa sa Maynila.**

8. **Mas (***mainit, pinakainit***) sa disyerto kaysa sa tropiko.**

9. **Mas makaluma (***ang, ng, sa***) simbahan sa Baclayon kaysa sa Katedral ng Maynila.**

10. **Mas *malinaw* ang tubig sa sapa kaysa (***ang, ng, sa***) ilog.**

Activity 5

Working on Equal Degree of Adjective

Write sentences comparing the two subjects provided. The first sentence is done for you.

1. ang Bulkang Mayon at Bundok Fuji   (ganda)
   <u>Magkasingganda ang Bulkang Mayon at Bundok Fuji.</u>

2. sa Phuket at Boracay   (puti ang buhangin)

   _____

3. sa Cebu at Bohol   (sariwa ang hangin)

   _____

4. sa Pilipinas at Hawaii   (init ang panahon)

   _____

5. ang Maynila at Caloocan   (sikip)

   _____

6. ng ilog at sapa   (linaw ang tubig)

   _____

Activity 6

Editing

Mara meets Ricky with his baggage in the lobby of the apartment. There are seven mistakes in the use of adjectives in their conversation. The first mistake has already been corrected. Find and correct the other six.

Mara: **O, saan ang punta ninyo?**

Ricky: **Sa Pilipinas.**

Mara: **Bakit?**

Ricky: **Magbabakasyon kami ng mga kaibigan ko nang dalawang linggo. ~~Gumanda~~ Maganda ang tanawin at katulong ang mga tao.**

Mara: **Ano'ng gagawin ninyo?**

Ricky: **Magsu-swimming kami sa Pagudpod. Masariwa ang hangin at putian ang buhangin.**

Mara: **Hindi ba ulan doon? Mag-init pa at umiduhan.**

Ricky: **Hindi naman.**

Mara: **O sige. Ingat kayo at mag-enjoy!**

Activity 7

Working on Reading

Read the text below and answer the comprehension questions in English.

Word Bank
rosas rose
rosal gardenia
lila purple
bunga fruit
nakakakita find
kapayapaan peace
isipan mind

Ang Paboritong Lugar ni Cherry

Ang hardin ng lola ko ang paborito kong lugar kapag tagsibol. Malawak at berdeng-berde ang damo at maraming iba't ibang magagandang halaman. May malalaking mga rosas na kulay pula at dilaw sa harap ng bahay. May mga napakabangong puting rosal din sa tabi ng mga rosas. Pagkatapos, mayroon ding lilang lilac at pink na bigonya sa likod ng bahay. Mayroon ding ubas na maraming bunga sa trellis na malapit sa pinto. Dito sa hardin ni Lola nakakakita ako ng kapayapaan ng isipan.

Comprehension Questions:

1. What is Cherry's favorite place? Why?

   _____

2. Describe Cherry's favorite place.

   _____

3. What can you find in front of the house?

   _____

4. What can you find in the backyard?

   _____

5. Where can you find the grapes?

   _____

Activity 8

Listen and Write

Listen to the audio file (🎧 11-3) and write what you heard in the space provided.

1. _____

2. _____

3. _____

4. _____

5. _____

6. _____

7. _____

8. _____

9. _____

10. _____

Activity 9

Working on Listening Skills

Listen to the audio file (🎧 11-4) and, when you hear the questions, write your answers in the blank.

Word Bank

dito here
diyan there (near the listener)
doon there (far from both the listener and the speaker)

---

1. _____

2. _____

3. _____

4. _____

5. _____

6. _____

7. _____

8. _____

9. _____

10. _____

Working on Translation

Give the Tagalog equivalent of the following sentences.

1. Banaue Rice Terraces is huge.

_____

2. The air is very clean and very fresh in the province.

_____

3. There are 1,268 hills in Bohol.

_____

4. All the hills over there are of the same size.

_____

5. The tarsier is the smallest monkey in the Philippines.

_____

6. The tiniest city in Northern Mindanao is Camiguin.

_____

7. The people are very religious, friendly, and helpful.

_____

8. In this place you will see the most beautiful beach.

_____

9. Bohol and Cebu are both historical places in the Philippines.

_____

10. The waterfalls are tall.

_____

LESSON 12

Ang Bayan Ko (*My Hometown*)

Activity 1

Definition

Match the words below with the English equivalent from the box.

a. east	b. turn around	c. building	d. direction	e. alley
f. to move forward	g. to return	h. south	i. west	j. north

_____ 1. **eskinita**   _____ 2. **hilaga**

_____ 3. **kanluran**   _____ 4. **silangan**

_____ 5. **timog**   _____ 6. **rotonda**

_____ 7. **gusali**   _____ 8. **direksyon**

_____ 9. **umabante**   _____ 10. **bumalik**

Activity 2

Working on Conjugation

Conjugate the following root words using the **-um-** verbal affix.

Root: **Daan**		Root: **Atras**
	Infinitive	
	Completed	
	Incompleted	
	Contemplated	

Root: **Lipat**		Root: **Dalaw**
	Infinitive	
	Completed	
	Incompleted	
	Contemplated	

Activity 3

Working on Markers

Complete the sentences below by choosing the correct word in parenthesis.

1. **Kumanan (*si, ni, kay*) Mike sa Quirino Avenue.**

2. **Dumiretso (*ang, ng, sa*) mga tao hanggang sa Avenida Rizal.**

3. **Sasakay (*ako, ko, sa iyo*) sa kotse mo papunta sa bahay ko.**

4. **Lumilindol (*ang, ng, sa*) Pilipinas nang madalas.**

5. **Para pumunta (*kay, ng, sa*) Mall of Asia, liliko ba sa kanan o kakaliwa sa Taft Avenue?**

Activity 4

Working on Imperative Actor-Focus Verbs

Transform the following sentences into the command form.

1. **Pumupunta kayo sa timog.**

   _____

2. **Umaatras pa kayo.**

   _____

3. **Aakyat ka sa itaas ng bahay.**

   _____

4. **Magbubus kayo papunta sa Maynila.**

   _____

5. **Sumusunod kayo sa kanya.**

   _____

Activity 5

Working on *-Um-*, *Mag-*, and *Ma-* Verbs

A local tourist wants to know how to get to Palawan and the different places on that island. Circle the correct form of the verb in the parenthesis in order to give him directions.

1. **Papunta sa Palawan, (*mag-eroplano, umeroplano, maeroplano*) ka na lang.**

2. **Kung nasa Puerto Princesa na kayo, (*magtraysikel, trumaysikel, matraysikel*) na lang kayo.**

3. **Sa underground river, (*magbus, bumus, mabus*) muna kayo.**

4. **Magbangka na lang kayo papasok sa loob ng underground river at (*magkinig, kuminig, makinig*) kayo sa mapayapang tunog sa loob.**

5. **Pagkatapos niyan, (*kumaliwa, magkaliwa, makaliwa*) kayo sa pangalawang kanto para pumunta sa Amang Pulo. Magandang lugar ito.**

Activity 6

Editing

In the following dialogue, there are eight mistakes in the use of **-um-**, **mag-**, and **ma-** verbs. The first mistake has already been corrected. Find and correct the other seven mistakes.

Word Bank

biyahe travel
sana I wish/I hope
baka maybe
Huwag kang mag-alala. Don't worry.

Pia: **O Angelo, pupunta ~~pumupunta~~ ka ba sa Quezon?**

Angelo: **Oo. Pumasyal nga kami sa Linggo.**

Pia: **Saan kayo sasakay?**

Angelo: **Magsakay kami ng bus sa istasyon sa Santa Mesa.**

Pia: **Ah. Nako! Mahabang *biyahe* iyan. Ilang oras nga ba papunta doon?**

Angelo: **Siguro tatlong oras.**

Pia: **Magdadala ka ng MP3. Mas mabilis ang biyahe kung nagkikinig ka sa musika.**

Angelo: **Oo tama ka!**

Pia: **Pero teka. Magkikita ba kayo ni Boots?**

Angelo: **Oo. Papasyal kami doon. Pero, *sana* lang mag-araw naman. Aambon kasi kahapon at nag-umulan pa nga. At *baka* mamaya bumagyo habang nagbabakasyon ako doon.**

Pia: **Ay nako. *Huwag kang mag-alala*. Basta ingat lang at mag-enjoy kayo.**

Angelo: **Tama ka! O sige, kita na lang tayo pagbalik ko.**

Activity 7

Working on Reading

Read the text below and answer the comprehension questions in English.

Mahal na Celina,

Kumusta ka na? Sana maayos ka naman. Lumipat ako sa Taft Avenue, sa isang maliit na apartment. Dalawa lang ang kuwarto pero maganda at malapit sa maraming kainan at pamilihan. May mga sinehan ding malapit. Kung wala kang gagawin sa Sabado, sana, pumunta ka naman dito at mamasyal tayo. Pwede tayong mag-window-shopping, pagkatapos, pumunta sa parke at kumain sa isang magandang restawran.

Heto ang direksyon papunta sa bahay ko:

Mula sa bahay mo, sumakay ka ng dyip papuntang Taft Avenue, tapos, pagkatapos kumanan ng dyip, bumaba ka sa Leon Guinto, malapit sa St. Scholastica's. Maglakad ka papuntang Taft at may mga dyip doon. Doon ka lang. Huwag kang tumawid sa kabila. Sumakay ka ng dyip papuntang Dakota Harrison. Sabihin mo sa drayber, bababa ka sa Pedro Gil. Nasa kanto ng Pedro Gil at Taft Avenue ang apartment ko. Kulay asul ang apartment. Ang numero ay 255 Pedro Gil St.

Sana makarating ka.

Sumasaiyo,

Myrna

Comprehension Questions:

1. **Saan lumipat si Myrna?**

   _____

2. **Ilarawan ang apartment ni Myrna?**

   _____

3. **Kailan nag-iimbita si Myrna kay Celina?**

   _____

4. **Saan bababa si Celina?**

   _____

5. **Ano ang numero at kulay ng apartment ni Myrna?**

   _____

Activity 8

Listen and Write

Listen to the audio file (12-3) and write what you heard in the space provided.

1. _____

2. _____

3. _____

4. _____

5. _____

6. _____

7. _____

8. _____

9. _____

10. _____

Activity 9

Working on Listening Skills

Listen to the audio file (12-4) and, when you hear the questions, write your answers in the blanks provided.

1. _____

2. _____

3. _____

4. _____

5. _____

6. _____

7. _____

8. _____

9. _____

10. _____

Activity 10

Working on Translation

Give the Tagalog equivalent of the following sentences.

1. It is raining in the Philippines.

   _____

2. They say it will be sunny this afternoon.

   _____

3. There was a storm in Cebu last week.

   _____

4. Excuse me, sir/ma'am. How do I get to the train station?

   _____

5. From Buendia, take the bus going to Sucat, Parañaque.

   _____

6. Go straight, and you will see the big building of Shoe Mart on your left.

   _____

7. Turn left on 45th and then make a right on Makati Ave.

   _____

8. Visit us next month.

   _____

9. I moved to a new house here in Quezon City.

   _____

10. Let's go back to Palawan next year.

    _____

UNIT 5: Kalusugan (*Health*)

LESSON 13

Mga Iba't Ibang Sakit (*Various Illnesses*)

Activity 1

Matching Activity
Match the words below with the English equivalent from the box.

a. asthma	b. fever	c. wound	d. measles	e. flu
f. cough	g. nosebleed	h. headache	i. chicken pox	j. toothache

_____ 1. **balinguyngoy**   _____ 2. **bulutong-tubig**

_____ 3. **sakit ng ulo**   _____ 4. **sakit ng ngipin**

_____ 5. **ubo**   _____ 6. **hika**

_____ 7. **lagnat**   _____ 8. **sugat**

_____ 9. **tigdas**   _____ 10. **trangkaso**

Activity 2

Forming Negative Commands
Transform the following sentences into negative commands using **huwag**.

1. **Lumabas ka ng bahay.**

   _____

2. **Kumain kayo ng kendi at matatamis.**

   _____

3. **Maglaro ka ng isports.**

   _____

4. **Kumain ka ng taba ng baboy at baka.**

   _____

5. **Uminom ka ng alak.**

   _____

Activity 3

Forming Sentences with *Bawal*

Transform the following sentences into negative commands using **bawal**.

1. **Kumain kayo ng acidic na pagkain.**

   _____

2. **Magbuhat tayo ng mabibigat na bagay.**

   _____

3. **Uminom ka ng gamot.**

   _____

4. **Kumain kayo ng tsokolate.**

   _____

5. **Kumain ka ng pagkain na mamantika.**

   _____

Activity 4

Forming Sentences with *Bawal, Dapat, Puwede,* and *Huwag*

Use the words and phrases provided below to form sentences with **bawal**, **dapat**, **puwede**, and **huwag**. Remember to employ linkers.

1. **kumain/ huwag/ ng balat ng lechon/ kayo**

   _____

2. **si Marko/ magpahinga/ nang isang linggo/ dapat/ ho**

   _____

3. **kumain/ ng lugaw/ po/ ba/ puwede/ ako**

   _____

4. **uminom/ ang bata/ bawal/ ng dyus**

   _____

5. **ng malamig na tubig/ huwag / kayo/ po / uminom**

   _____

Activity 5

Working on *Bawal*, *Dapat*, *Puwede*, and *Huwag*
Complete the conversations below by choosing the correct word in parenthesis.

Conversation 1:
Anak: **Nanay, (*bawal*, *puwede*, *huwag*) na ho ba akong pumasok sa eskwela bukas?**
Nanay: **Oo, kasi wala ka nang sakit.**

Conversation 2:
Babae: **Doktor! Puwede na po ba akong magbiyahe?**
Doktor: **Hindi pa ho. (*Bawal*, *Puwede*, *Huwag*) pa kayong magbiyahe.**

Conversation 3:
Doktora: **Toto, mataas ang kolesterol mo, (*bawal*, *dapat*, *huwag*) kang magbawas ng pagkaing matataba.**
Toto: **Opo.**

Conversation 4:
Nena: **Milagros, kumusta ang lalamunan mo?**
Milagros: **Ay! Ang hirap. (*Bawal*, *Dapat*, *Huwag*) akong kumain ng tsokolate.**

Conversation 5:
Tatay: **Anak! May tigdas ka pa. (*Bawal*, *Dapat*, *Huwag*) ka munang maglaro.**
Anak: **Bakit po tatay?**

Activity 6

Editing
In Susana's letter to her son, there are six mistakes in the use of verbs with **bawal**, **puwede**, **huwag**, and **dapat**. One mistake is already corrected. Find and correct the other five.

Mahal kong Anak,

Kumusta na ang buhay mo sa unibersidad? Kami dito, nalulungkot kasi dalawa na lang kami ng tatay mo sa bahay.

Siguro, puwede kaming ~~bumibisita~~ *bumisita* sa iyo sa isang buwan.

Siyanga pala anak, huwag kang umiinom ng alak ah. Masama sa iyo 'yan. Sabi ng doktor, bawal kang uminom ng kahit anong alkohol kahit kaunti. Huwag ka ring nagsigarilyo. Masamang-masama sa katawan mo 'yan.

Dapat lagi kang nag-aral at kung may panahon ka, dapat kang nagbasa lagi.

Muntik ko nang makalimutan, kaarawan pala ng pinsan mo sa isang buwan, puwede ka bang uuwi dito at mag kakaroon kami dito ng handaan?

Nagmamahal,

Nanay

Activity 7

Working on Reading

Read the text below and answer the comprehension questions in English.

Word Bank

kalaro playmate
matigas ang ulo disobedient
narinig heard
nahulog fell

Bunsong kapatid ko si Justin. Noong pitong taon siya, gustung-gusto niyang maglaro sa kalsada kasama ng mga *kalaro* niya. Sabi ni Nanay, "Justin, huwag kang maglaro sa kalsada!" Pero *matigas ang ulo* niya. Hindi siya sumunod kay Nanay. Sumakay siya sa bisikleta at nagbisikleta siya nang mabilis palabas sa gate. Maya-maya, *narinig* ko si Justin na sumigaw. "Arrraaayyy!" *Nahulog* siya sa biskleta niya. Masakit ang kaliwang braso niya. Pumunta kami sa ospital agad. Doon, kumuha ng mga x-rays ang mga doktor at sinabi na kailangan niyang magsuot ng cast nang isang buwan. Nalungkot siya kasi hindi siya puwedeng maglaro sa labas. Sa wakas, lumipas ang isang buwan at gumaling na ang braso niya.

Comprehension Questions:

1. What did Justin want to do?

   _____

2. How old was Justin?

   _____

3. What did his mother tell him?

   _____

4. What happened to Justin?

   _____

5. How long did Justin wear a cast?

   _____

Activity 8

Listen and Write

Listen to the audio file (13-3) and write what you heard in the space provided.

1. _____

2. _____

3. _____

4. _____

5. _____

6. _____

7. _____

8. _____

9. _____

10. _____

Activity 9

Working on Listening Skills

Listen to the audio file (13-4) and, when you hear the questions, write your answers in the blanks provided.

1. _____

2. _____

3. _____

4. _____

5. _____

6. _____

7. _____

8. _____

9. _____

10. _____

Activity 10

Working on Translation

Give the Tagalog equivalent of the following sentences.

1. You are forbidden to go outside.

   _____

2. You should take your medication.

   _____

3. You can drink juice and water.

   _____

4. Don't play outside.

   _____

5. Maria's feeling is better now. She can now go to school.

   _____

6. You should take a rest and don't go outside.

   _____

7. Don't drink soda.

   _____

8. They are forbidden to eat sweets.

   _____

9. You should sleep at nine p.m. tonight.

   _____

10. They are forbidden to do strenuous activities.

    _____

LESSON 14

Pagbisita sa Doktor (*Going to the Doctor*)

Matching Activity

Match the words below with the English equivalent from the box.

a. medicine for insect bites	b. has, have a cold	c. to prescribe	d. dizzy	e. is vomiting
f. anti-itch cream/ointment	g. sore throat	h. eyedrops	i. has/have sprain	j. pain reliever

_____   1. **masakit ang lalamunan**   _____   2. **pampatak sa mata**

_____   3. **pampawala ng sakit**   _____   4. **pamahid sa kati**

_____   5. **gamot sa mga pantal**   _____   6. **sinisipon**

_____   7. **magreseta**   _____   8. **nahihilo**

_____   9. **napilay**   _____   10. **nagsusuka**

Verb Conjugation

Conjugate the following root words using **magka-** and **magkaroon-**.

> EXAMPLE: to have a fever
> **magkalagnat**   **magkaroon ng lagnat**

Magka Root: **Sipon**		Magkaroon Root: **Sipon**
	Infinitive	
	Completed	
	Incompleted	
	Contemplated	

Magka Root: **Pasyente**		Magkaroon Root: **Pasyente**
	Infinitive	
	Completed	
	Incompleted	
	Contemplated	

Forming Affirmative and Negative Responses

Answer the following questions using affirmative and negative responses.

1. **Nagkaroon ka na ba ng tigdas?**

   _____

   _____

2. **Nagkakasipon ba ang mga bata tuwing taglamig?**

   _____

   _____

3. **Nagkatrangkaso ka ba noong isang taon?**

   _____

   _____

4. **Nagkakaroon ba sila ng lagnat tuwing tag-init?**

   _____

   _____

5. **Nagkabulutong-tubig ka ba noong bata ka?**

   _____

   _____

Activity 4

Working on Information Questions

Write an information question about the underlined words or phrase in each statement.

1. **Nagkaroon ng pilay si Bogart <u>noong isang linggo</u>.**

   _____

2. **Magkakaroon ng libreng bakuna <u>sa eskwelahan namin</u> bukas.**

   _____

3. **Nagka-emergency si Dr. Dancel <u>noong isang linggo</u>.**

   _____

4. **Magkakasipon <u>ang mga bata</u>.**

   _____

5. **Nagkaroon ng gulo <u>sa klinika</u> kanina.**

   _____

Activity 5

Working on Time

Study the chart below and then answer the questions.

Ang Iskedyul ni Benjie

Lunes	Mga Gawain
10:45	**Kumain ng almusal**
12:10	**Pumunta sa klinika**
1:55	**Uminom ng gamot sa lagnat**
4:30	**Umuwi sa bahay**
9:15	**Natulog**

1. **Ano'ng oras natulog si Benjie?**

   _____

2. **Ano'ng oras siya pumunta sa klinika?**

   _____

3. Ano'ng oras siya umuwi sa bahay?

_____

4. Ano ang ginawa ni Benjie nang alas diyes kuwarenta'y singko?

_____

5. Ano ang ginawa niya noong alas kuwatro y medya?

_____

Activity 6

Editing

Jay's roommate, Tobi, had a fever and a cold last night. This morning, before Jay left for school, he left a note for Tobi. There are eight errors in his note. The first error has been corrected already. Find and correct the seven others.

> ### Word Bank
>
> **Magpagaling ka.** Get well.

Tobi,

Kumusta na ~~ng~~ *ang* pakiramdam mo? Sana mabuti ka na. Magkaroon din ako ng lagnat at sipon noong

isang linggo. Siguro dahil sa panahon kaya tayo magkakasakit. Hindi ko alam kung umiinom ka ngayon ng

gamot pero bumibili ako kagabi ng gamot para sa iyo. Puwede kang umiinom ng mga ito. Siguro, uminom

ka ng gamot sa lagnat ng alas diyes y medya. Pagkatapos, bumili rin ako ng *spray* para sa lalamunan mo.

Gamitin mo ang *spray* nang sa onse kinse. Pagkatapos, mag-spray ka ulit nang ala tres.

O sige! Sana bumuti na ang pakiramdam mo pare! Kung kailangan mo ang tulong ko, tumawag o mag-text ka

lang sa akin!

Magpagaling ka,

Jay

Activity 7

Working on Reading

Read the paragraph below answer the comprehension questions in English.

```
              Word Bank

        Sana naman I hope
```

Kahapon, alas diyes kuwarenta'y singko ng umaga, pumunta kami ni Ben sa klinika para kumunsulta sa doktor. May lagnat at sipon si Ben. Masakit din ang lalamunan niya. May mga pantal din siya sa binti. Sabi ng doktor, may trangkaso raw si Ben. Nagreseta ang doktor sa kanya ng gamot sa trangkaso at saka gamot sa mga pantal na pamahid sa kati. Kailangan daw niyang magpahinga at uminom ng maraming tubig at katas ng mga prutas tulad ng kalamansi. *Sana naman*, gumaling na si Ben dahil may eksamen siya sa darating na linggo at kailangan niyang mag-aral.

Comprehension Questions:
1. **Anong oras pumunta sina Ben sa klinika?**

_____

2. **Bakit sila pumunta sa klinika?**

_____

3. **Ano ang sinabi ng doktor?**

_____

4. **Ano ang inireseta ng doktor kay Ben.**

_____

5. **Ano ang kailangang gawin ni Ben?**

_____

Activity 8

Listen and Write

Listen to the audio file (🎧 14-3) and write what you heard in the space provided.

1. _____

2. _____

3. _____

4. _____

5. _____

6. _____

7. _____

8. _____

9. _____

10. _____

Activity 9

Working on Listening Skills

Listen to the audio file (🎧 14-4) and complete the conversations below.

```
┌─────────────────────────────────────┐
│                                      │
│            Word Bank                 │
│                                      │
│     nababato feeling bored           │
│                                      │
└─────────────────────────────────────┘
```

Conversation 1:
Tatay: **Ang taas ng lagnat mo anak.** _____ mong pumunta sa doktor.
Anak: **O sige po.**

Conversation 2:
Mayra: **Ano ang inireseta ng doktor sa kanya?**
Theron: _____ **ang inireseta ng doktor sa kanya.**

Conversation 3:
Julie: **Gusto mo bang kumain ng lugaw?**
Malou: **Wala akong gana.** _____.

Conversation 4:
Peter: **Nababato na ako sa bahay, pare.**
Julius: _____ **may sakit ka pa eh.** _____.

Conversation 5:
Nanay: **Hoy! Tanghali na! Kailangan mo nang bumangon. Gising na.**
Justin: _____.

Activity 10

Working on Translation

Give the Tagalog equivalent of the following sentences.

1. My friend got sick twice this month.

   _____

2. Last month Liza had a fever.

   _____

3. Every winter my cousin gets a cold.

   _____

4. My brother will get sick again.

   _____

5. Last night I had a toothache.

   _____

6. I will take my medication at 5:45.

   _____

7. She went to the hospital at 10:15 this morning.

   _____

8. What time did you take your medication?

   _____

9. When will you go to the clinic?

   _____

10. Marco visited Linda at the hospital around 3:30.

   _____

LESSON 15

Mga Iba't Ibang Lunas (*Various Remedies*)

Activity 1

Matching Activity

Match the words below with the English equivalent from the box.

a. to be infected b. bud c. folk healer who uses massage/midwife	d. mosquito e. faith healer
f. guava g. bee h. boil	i. medicinal plants j. hibiscus

_____ 1. **albularyo**   _____ 2. **bayabas**

_____ 3. **bubuyog**   _____ 4. **gumamela**

_____ 5. **halamang gamot**   _____ 6. **buko**

_____ 7. **lamok**   _____ 8. **manghihilot**

_____ 9. **pigsa**   _____ 10. **mahawa**

Activity 2

Working on Conjugation

Conjugate the following root words using the **ma-** affix.

Root: **Aksidente**		Root: **Dulas**
	Infinitive	
	Completed	
	Incompleted	
	Contemplated	

Root: **Ipit**		Root: **Ospital**
	Infinitive	
	Completed	
	Incompleted	
	Contemplated	

Activity 3

Forming Questions with *Gusto, Ayaw,* and *Kailangan*

Convert the following statements into **ba** questions.

1. **Gustong pumunta ni Daniel sa albularyo.**

   _____

2. **Kailangan mong uminom ng kalamansi dyus o lemonada.**

   _____

3. **Ayaw niyang magpahinga sa trabaho kahit na may sakit siya.**

   _____

4. **Gustong gumamit ng halamang gamot ng pasyente para sa pigsa.**

   _____

5. **Kailangan nilang magpakulo ng dahon ng bayabas para sa magang-magang sugat ni Bernie.**

   _____

Activity 4

Forming Negative Sentences

Negate the following statements by changing **gusto** to **ayaw** or by using **hindi**.

1. **Gustong pumunta ng bata sa doktor.**

   _____

2. **Kailangang magpahinga ni Leilani.**

   _____

3. **Gusto nilang dumalaw kay Georgina sa ospital.**

   _____

4. **Kailangan mong uminom ng gamot.**

   _____

5. **Gustong pumunta ni Betty sa manghihilot para gumaling ang pilay niya.**

   _____

Activity 5

Working on *Ma-* Experiencer-Focus Verbs

Write the Tagalog verb in the appropriate aspect in the space provided.

1. _____ (to be contaminated or infected) **si Myrna ng sipon kay Mike noong isang linggo.**

2. **Maraming bata ang** _____ (to be hospitalized) **tuwing taglamig.**

3. _____ (to fall down) **si Benjamine sa hagdan kaninang umaga.**

4. _____ (to be caught by the door) **ang kamay ko sa pinto ng kotse.**

5. **Noong nagluluto ako ng adobo,** _____ (to be cut) **ko ang daliri ko.**

Activity 6

Editing

Kyle wrote an e-mail to his friend Theron regarding his terrible day. In his e-mail below, there are eight mistakes in the use of **ma-** accidental verbs. The first mistake is already corrected. Find and correct the other seven.

+---------------------------------------+
| **Word Bank** |
| |
| **dahil** because (variant of **kasi**) |
| **nagmadali** rushed |
| **baso** glass |
| **isinasara** closing |
+---------------------------------------+

Theron,

Hoy pare! Kumusta ka na? Sana mabuti ka naman. Ako, nagkaroon ako nang masamang-masamang araw

ngayon. Nagsimula ito kaninang umaga. Plano ko na gumising nang alas siyete y medya ng umaga *dahil* **alas**

nuwebe ang pasok ko. Pero nahuli ~~ko~~ *ako* **ng gising. Nagising ko nang alas otso. Nagmadali akong maghanda.**

Habang naliligo ako, nadapa sa akin papunta sa banyo. Pagkatapos, habang naghahanda ako ng almusal ko,

nalaglag ko ng *baso* **ko at nabasag nito. Hindi na ako kumain. Tumakbo ako papunta sa kotse ko. Nagmadali**

akong sumakay sa kotse ko at habang *isinasara* **ko ang pinto, naipit sa kamay ko dito. "Aray!" Napakasakit**

talaga nito. Pagkatapos, habang nagmamaneho ako, natrapik sa akin sa highway. Ay nako! Talagang

masamang araw ito. Tapos, noong dumating na ako sa opisina mag-aalas nuwebe na kaya tumakbo ako nang

mabilis. Habang tumatakbo ako, nadulas ko malapit sa pinto ng opisina namin. Nakita ako ng boss ko at sinabi

niya sa akin na: "Dahan-dahan lang! At mag-ingat ka!"

Ay nako! Talagang nakakahiya ito! Masamang-masama talaga ang araw ko. Sana bumuti ito!

O sige!

Kyle

Activity 7

Working on Reading

Read the text below and answer the comprehension questions in English.

Ang Pilipinas ay may maraming halamang gamot. Ilan sa mga ito ay ang sumusunod: ampalaya, bawang, at luyang dilaw.

Ang ampalaya ay gulay pero gamot ito sa malaria at pamamaga. Gamot naman sa sakit sa puso, alta presyon, at pampababa ng kolesterol ang bawang. Samantala, gamot sa sipon, ubo, lagnat at pananakit ng lalamunan ang luyang dilaw. Nakakatulong din ito sa pagtunaw at absorpsyon ng pagkain.

Comprehension Questions:

1. Ano ang marami sa Pilipinas?

_____

2. Anu-ano ang mga halimbawa ng halamang gamot mula sa Pilipinas?

_____

3. Saan gamot ang ampalaya?

_____

4. Anu-ano ang gamit ng bawang?

_____

5. Anu-ano ang gamit ng luyang dilaw?

_____

Activity 8

Listen and Write

Listen to the audio file (🎧 15-3) and write what you heard in the space provided.

1. _____

2. _____

3. _____

4. _____

5. _____

6. _____

7. _____

8. _____

9. _____

10. _____

Activity 9

Working on Listening Skills

Listen to the audio file (🎧 15-4) and match column A to column B.

Word Bank

ilagay to put
inumin to drink
magpababa to reduce/decrease
sira ng ngipin cavity
patayin to kill
sangkap ingredients
botika pharmacy

A

_____ 1. **ampalaya**

_____ 2. **bawang**

_____ 3. **bayabas**

B

a. **ginagamit bilang** (mouthwash)

b. **ginagamit na gamot para sa hika at ubo**

c. **ginagamit bilang gamot sa sipon, ubo, lagnat at sakit ng lalamunan.**

_____ 4. **lagundi**   d. **ginagamit para bumaba ang kolesterol at ang blood pressure**

_____ 5. **luya**   e. **ginagamit para sa diyabetis**

Working on Translation

Give the Tagalog equivalent of the following sentences.

1. Sheila was hospitalized yesterday because of fever.

   _____

2. My arm is really itchy because I got bitten by a mosquito earlier.

   _____

3. She caught the fever from her friend.

   _____

4. His sister fell down the stairs.

   _____

5. I got bitten by his dog this morning.

   _____

6. I want to go to the doctor this afternoon.

   _____

7. She doesn't want to take her medications.

   _____

8. You have to take some rest.

   _____

9. After you take your medication, take some rest.

   _____

10. They don't want to visit Bogart in the hospital.

   _____

UNIT 6: Pagkain (*Food*)

LESSON 16

Sa Palengke (*At the Market*)

Activity 1

Matching Activity
Match the words below with the English equivalent from the box.

a. each	b. fish	c. garlic	d. cucumber	e. bland
f. half	g. crispy	h. cheese	i. burnt	j. butter

_____ 1. **sunog**

_____ 2. **malutong**

_____ 3. **matabang**

_____ 4. **kada**

_____ 5. **kalahati**

_____ 6. **bawang**

_____ 7. **isda**

_____ 8. **mantekilya**

_____ 9. **keso**

_____ 10. **pipino**

Activity 2

Working on Moderate Expressions
Form sentences with moderate expressions using the words and phrases provided.

1. **mahal/ medyo/ kabute**

   _____

2. **malambot/ langka/ na** (already)

   _____

3. **maanghang/ sili**

   _____

4. **nasa rep/ itlog/ sariwa/ medyo**

   _____

5. **mainit/ gatas**

   _____

Activity 3

Working on Exclamatory Adjectives

Convert the following intensified adjectives into exclamatory sentences.

EXAMPLE: **Maasim na maasim pa ang mga prutas.**
             <u>**Ang asim ng mga prutas!**</u>

1. **Malamig na malamig na ang mga inumin.**

    _____

2. **Masustansyang-masustansya ang mga gulay na ito.**

    _____

3. **Maalat na maalat ang isda.**

    _____

4. **Mapait na mapait ang ampalaya.**

    _____

5. **Matabang na matabang ang pakwan.**

    _____

Activity 4

Working on Markers

Circle the letter of the correct word to complete each sentence.

1. **Hilaw na hilaw _____ mga prutas.**
    a. **ng**   b. **ang**   c. **sa**   d. **sa mga**

2. **Kay asim-asim _____ .**
    a. **nito**   b. **ng ito**   c. **ito**   d. **ang ito**

3. **Ang init _____ pagkain na ito.**
    a. **ng**   b. **ang**   c. **sa**   d. **sa mga**

4. **Medyo malamig _____ sopdrinks sa ibabaw ng mesa.**
    a. **ng**   b. **ang**   c. **sa**   d. **sa mga**

5. **Malutong na malutong _____ isda.**
    a. **ng**   b. **ang**   c. **sa**   d. **sa mga**

Activity 5

Changing Intensified Adjectives to Moderate Expressions

Underline all the intensified adjectives and then change these adjectives to moderate expressions. Rewrite the paragraph in the space provided below.

Mga Prutas

Pumunta ako sa palengke kahapon at bumili ako ng mga prutas. Maraming mga prutas doon. Mayroon silang langka, mangga, mansanas, pakwan, pinya, saging, suha, at marami pang iba. Gusto ko ang mga pakwan nila kasi mukhang matamis na matamis ito. Pagkatapos, mukhang masarap din ang pinya kasi mukhang sariwang-sariwa ang mga ito. Nagtanong ako sa tindera kung ano ang pinakamasarap na prutas nila ngayon at sinabi niya sa akin na dapat akong bumili ng mangga at dahil mukhang masarap na masarap ang mangga, bumili ako ng limang mangga.

Noong dumating ako sa bahay, kumain ako agad ng mangga. Masayang-masaya ako kasi hinog na hinog ito at matamis na matamis pa. Bukas, bibili ako ulit ng mga prutas at siguro bibili naman ako ng pinya.

_____

_____

_____

_____

_____

_____

_____

_____

_____

_____

Activity 6

Editing

Some of the sentences below are ungrammatical. Find the errors and correct them.

EXAMPLE: **Ang sarap ~~ang~~ mga prutas.**
                Ang sarap ng mga prutas.

1. **Magkano po ng mga ito?**

_____

2. **Kay matamis-matamis ng buko.**

_____

3. **Ang init ang ito.**

_____

4. **Medyo tigas ang baboy.**

_____

5. **Kailangan ko ng isang litro sopdrinks.**

_____

Activity 7

Working on Reading

Read the text below and answer the comprehension questions in English.

Sara: **Kumusta po? Magkano ang kilo ng baboy?**
Tindera: **Siyamnapu't limang piso lang kada kilo.**
Sara: **Ay ang mahal-mahal naman po. Mayroon pa po bang tawad iyan?**
Tindera: **O sige, para sa iyo, siyamnapung piso na lang.**
Sara: **O sige salamat po. Kailangan ko rin po ng manok.**
Tindera: **Ilang manok ang kailangan mo?**
Sara: **Isa lang po at saka pakibigyan na rin po ako ng baka.**
Tindera: **O sige. Ilang kilo?**
Sara: **Dalawa lang po. Teka, sariwa po ba ang baka ninyo?**
Tindera: **Oo naman. Heto. Mayroon ka pa bang kailangan?**
Sara: **Wala na po. Magkano po ang lahat-lahat?**
Tindera: **Tatlong daan at dalawampu't limang piso na lang.**
Sara: **Pwede ho bang tatlong daan na lang?**
Tindera: **Pasensya na, iha. Medyo mahal ngayon ang mga karne eh. Pero sige tatlong daan at sampung piso na lang.**
Sara: **O sige po. Marami pong salamat. Heto po ang bayad ko.**
Tindera: **Salamat, iha.**
Sara: **Salamat din po.**

Comprehension Questions:

1. **Anu-ano ang binili ni Sara?**

_____

2. **Sariwa ba ang baka?**

_____

3. **Magkano ang bayad ni Sara?**

_____

4. **Magkano ang ibinigay na tawad sa huli ng tindera?**

_____

Activity 8

Listen and Write

Listen to the audio file (🎧 16-3) and write what you heard in the space provided.

1. _____

2. _____

3. _____

4. _____

5. _____

6. _____

7. _____

8. _____

9. _____

10. _____

Activity 9

Working on Listening Skills

Listen to the audio file (🎧 16-4) and complete the box below.

Pangalan	Gulay o Prutas	Dami (Quantity)	Presyo
1. Lisa			
2. Toni		Tatlong kilo	
3. Miriam			
4. Susana			Php 50.00
5. Mandy	kamatis		

Activity 10

Working on Translation

Give the Tagalog equivalent of the following sentences.

1. How fresh the fruits are!

   _____

2. The mangoes are a little bit sweet.

   _____

3. The soda is somewhat cold.

   _____

4. How salty this is!

   _____

5. These are somewhat burnt.

   _____

6. How hot this is!

   _____

7. The tomatoes are somewhat ripe.

   _____

8. How greasy the food is!

   _____

9. The jackfruit is a little bit sweet.

   _____

10. How tender the beef is!

   _____

LESSON 17

Pagkain sa Labas (*Eating Out*)

Matching Activity

Match the words below with the English equivalent from the box.

a. pitcher/jug	b. to ask for something	c. home-cooked	d. bill/check	e. seasoning
f. to give	g. to reach	h. appetizing	i. to finish	j. sauce

_____ 1. **lutong-bahay**   _____ 2. **pampalasa**

_____ 3. **sarsa**   _____ 4. **pitsel**

_____ 5. **tsit**   _____ 6. **ubusin**

_____ 7. **abutin**   _____ 8. **ibigay**

_____ 9. **hingin**   _____ 10. **nakakagutom**

Working on Markers

Complete the conversation by circling the correct word in the parenthesis.

Nanay: **Jun, tawagin mo naman (*ang, ng, sa*) weyter.**

Jun: **Nanay, wala po, eh. Ano po ba ang kailangan ninyo?**

Nanay: **Pakikuha mo (*ang, ng, sa*) menu. Gusto kong umorder ng dessert.**

Jun: **O sige po. Ay, heto na ang weyter.**

Weyter: **Ano po ang kailangan nila?**

Nanay: **Pakibigay naman (*ang, ng, sa*) menu sa amin.**

Weyter: **O sige po. Heto po.**

Nanay: **Salamat.**

Weyter: **Ano po ang gusto ninyo?**

Nanay: **Gusto namin ng dalawang halo-halo.**

Weyter: **Mayroon pa po ba?**

Nanay: **Wala na. Pero maglagay ka naman (*ang, ng, sa*) maraming saging, ah.**

Weyter: **Wala pong problema. Gusto po ba ninyo ng maraming gatas?**

Nanay: **O sige. Pakidala na lang (*ang, ng, sa*) extra na gatas sa amin. Salamat ah!**

Weyter: **O sige po!**

Activity 3

Changing Commands to *Paki-* Form

Change the verbs in the sentences from command to **paki-** form. Rewrite the sentences in the space provided.

1. **Jun, abutin mo ang baso.**

   _____

2. **Magdala ka ng baso dito.**

   _____

3. **Uminom ka na ng tubig.**

   _____

4. **Kainin na ninyo ang pagkain.**

   _____

5. **Yayain mo si Lisa.**

   _____

Activity 4

Changing Commands to *Naman* Form

Change the sentences from command to **naman** form. Rewrite the sentences in the space provided.

1. **Iabot mo kay Lisa ang adobo.**

   _____

2. **Isauli mo ang kutsilyo kay Mike.**

   _____

3. **Magluto ka ng kaldereta.**

   _____

4. **Humingi kayo ng tubig sa weyter.**

   _____

5. **Maglinis ka ng mesa.**

   _____

Working on *Nga* Form

Use **nga** to make the sentences below more polite.

1. **Isang baso ng tubig ho.**

   _____

2. **Dalawang "combo 1."**

   _____

3. **Tatlong dyus at dalawang sago't gulaman.**

   _____

4. **Magluto ka ng hapunan mamaya.**

   _____

5. **Bumili ka ng pinaupong manok sa Aristocrat.**

   _____

Editing

There are five mistakes in the dialogue. The first mistake has been corrected already. Find the rest and correct them.

Marco: **Isa nga pong ~~ang~~ "combo 2."**

Tindera 1: **O heto.**

Marco: **Salamat po. Ay malamig po ito, pakiinit po ninyo ang ito.**

Tindera 1: **Talaga? O sige, pakibigay mo ng ito sa kaniya.**

Marco: **I-microwave naman po ninyo nito.**

Tindera 2: **O sige. O heto. May kailangan ka pa ba?**

Marco: **Opo, pakilagay po ninyo ng maraming sauce sa kanin ko.**

Tindera 2: **O sige. Walang problema.**

Activity 7

Working on Reading

Read the dialogue below and answer the comprehension questions in English.

Host: **Magandang umaga po! Ilan po kayo?**
Patrick: **Apat po kami.**
Host: **Saan po ninyo gustong umupo, sa loob o sa labas?**
Patrick: **Siguro sa labas na lang. Mukhang maganda naman ang panahon eh.**
Host: **O sige po. Sumunod po kayo sa akin at heto po ang menu.**
Patrick: **Salamat ah!**

Mike: **O alam na ba ninyo kung ano ang oorderin ninyo?**
Sheila: **Hindi pa. Ang hirap pumili eh. Ikaw Jamie, ano ang kukunin mo?**
Jamie: **Siguro kare-kare na lang. Matagal na akong hindi kumakain nito eh.**
Mike: **Sheila, bilhin mo ang adobo. Masarap ang adobo nila dito.** *Tuyo* **at** *tustado.*
Patrick: **Oo, tama si Mike, masarap nga 'yan. Sige, iyan na rin ang kakainin ko.**
Weyter: **Handa na po ba kayo?**
Mike: **Oo, gusto namin ng isang order ng kare-kare, dalawang adobo at kaldereta at isang pitsel ng San Mig lite.**
Weyter: **O sige po!**

Mike: **Sheila, pakiabot mo naman ang napkin.**
Sheila: **O heto. Kumusta ang pagkain ninyo?**
Jamie: **Masarap ang kare-kare. Gustong-gusto ko ang sarsa. Gusto ba ninyong tikman?**
Mike: **O sige. Pakilagay mo na lang dito. Salamat!**
Patrick: **Parang gusto ko yata ng dessert. Mike, pakiabot naman ang menu, o.**
Mike: **O heto, ako rin gusto ko ng dessert, pero parang gusto ko lang ng ice cream.**
Sheila: **O sige! Ako rin, may alam akong masarap na lugar. Sige! Pakikuha na ninyo ang bill.**

Word Bank

tuyo dry
tustado toasted

Comprehension Questions:

1. **Nasaan sina Patrick?**

_____

2. **Ano ang inorder ni Mike?**

_____

3. **Ano ang nirekomenda ni Mike kay Sheila?**

_____

4. **Ano ang hiningi ni Patrick kay Mike?**

_____

5. **Saan sila pupunta pagkatapos kumain?**

_____

Activity 8

Listen and Write

Listen to the audio file (🎧 17-3) and write what you heard in the space provided below.

1. _____

2. _____

3. _____

4. _____

5. _____

6. _____

7. _____

8. _____

9. _____

10. _____

Activity 9

Working on Listening Skills

Listen to the audio file (17-4) and complete the box below.

Pangalan	Inumin	Pagkain
1. **Edison**		
2. **Casey**		
3. **Pia**		
4. **Cyril**		

Activity 10

Working on Translation

Give the Tagalog equivalent of the following sentences.

1. Please give me the bill.

   (Use **paki-**) : _____

2. Please pass me the adobo.

   (Use **paki-**) : _____

3. Please call the waiter.

   (Use **paki-**) : _____

4. Please clean our table.

   (Use **paki-**) : _____

5. Please finish your food.

   (Use **paki-**) : _____

6. Please invite them.

   (Use **paki-**) : _____

7. Please buy the **halo-halo**.

   (Use **paki-**) : _____

8. One **buko** juice, please.

   (Use **nga**) : _____

9. Two **sago at gulaman**, please.

   (Use **nga**) : _____

10. Ten meat buns, please.

    (Use **nga**) : _____

LESSON 18

Pagluluto (*Cooking*)

Matching Activity

Match the words below with the English equivalent from the box.

a. fish sauce	b. to get/take	c. to grate	d. bowl	e. to strain
f. pepper	g. to slice	h. ladle	i. to sauté	j. to cover

_____ 1. **mangkok**   _____ 2. **paminta**

_____ 3. **patis**   _____ 4. **kunin**

_____ 5. **hiwain**   _____ 6. **salain**

_____ 7. **igisa**   _____ 8. **takpan**

_____ 9. **gadgarin**   _____ 10. **sandok**

Working on Conjugations

Give the infinitive form of the following words.

Root Word	Infinitive (**-In** Verbs)	Root Word	Infinitive (**i-** Verbs)
bili		baba	
inom		bigay	
ubos		sauli	
yaya		abot	

Activity 3

Working on Conjugations and Markers
Supply the missing information to complete the sentences.

1. **Gadgarin mo _____ keso.**

2. **Haluin _____** (you plural) **ang pagkain.**

3. **Kunin _____** (you singular) **ang toyo sa mesa.**

4. **Iadobo mo _____ manok.**

5. **_____ (balat) mo ang mangga.**

6. **_____ (takip) mo ang kawali.**

7. **_____ (salin) mo ang sabaw sa mangkok.**

8. **Ilagay mo _____ pagkain dito.**

9. **Igisa _____** (you singular) **ang bawang at sibuyas.**

10. **_____ (hiwa) ninyo ang baboy.**

Activity 4

Working on Object-Focus Verbs
Transform the following actor-focus sentences into object-focus.

1. **Maghiwa ka ng manok.**

   _____

2. **Magtadtad ka ng bawang.**

   _____

3. **Magdagdag ka ng sabaw sa kaserola.**

   _____

4. **Maghain ka na ng pagkain sa mesa.**

   _____

5. **Magprito kayo ng isda.**

   _____

Activity 5

Working on *Gaano*

Complete each sentence by supplying a word from the box below. Remember, for each word you need to replace the prefix with **ka**.

mainit	**maalat**	**maasim**
matamis	**malamig**	

1. **Gaano** _____ **ang mantika?**

2. **Gaano** _____ **ang bananakyu?**

3. **Gaano** _____ **ang gulaman?**

4. **Gaano** _____ **ang toyo?**

5. **Gaano** _____ **ang suka?**

Activity 6

Editing

There are seven mistakes in this dialogue. The first mistake is already corrected. Find and correct the other six.

Anak: **Nanay, ano po ang gusto ninyong gawin ko?**

Nanay: **O sige. Hugasan ~~ka~~ *mo* ng mga gulay at hiwain mo ng mga ito.**

Anak: **O sige po.**

Nanay: **Pagkatapos, kumuha ka ang apat na itlog at batihin ka ang mga ito.**

Anak: **Opo, Nanay.**

Nanay: **Pagkatapos, kunin mo ng mantika at igisa ng bawang at sibuyas.**

Anak: **O sige po. Mayroon pa po ba?**

Nanay: **Wala na. Ako na ang magluluto pagkatapos mong gawin ito.**

Working on Reading

Read the dialogue below and answer the comprehension questions in English.

Jamie: **Sheila, ano ang niluluto mo, mukhang ang sarap-sarap ah!**

Mike: **Oo nga, gutom na gutom na 'ko sobra!**

Sheila: **Bicol Express 'to! Mabuti at nandito kayo- marami kasi akong niluto, eh.**

Patrick: **'Yan ba yung napakaanghang na may gata!**

Sheila: **Oo, ito nga 'yun.**

Jamie: **Ay tamang-tama, gusto kong *panoorin* kung paano mo iluto iyan.**

Sheila: **Sige lang! Basta ba tutulungan ninyo 'ko, eh.**

Patrick: **Oo naman!**

Mike: **Ang bango-bango naman! Sabik na sabik na akong tikman 'yan.**

Sheila: **Salamat!**

Mike: **O Sheila, ituro mo na sa amin kung p'ano ba iluto 'yan?**

Sheila: **Nako! Napakadali lang nito! Una, kailangan mo lang ng baboy, sili, sibuyas, bawang, gata, mantika, at syempre asin at patis.**

Jamie: **Tapos?**

Sheila: **Pagkatapos, kailangan mong igisa ang bawang at sibuyas, tapos ihalo mo na ang baboy at kaunting sili. Pagkatapos noon, ilagay mo na ang gata at iba pang sili. Tapos, tapos na!**

Mike: **Ganu'n lang?**

Sheila: **Oo naman, madali lang talagang magluto nito. Pat, pakiabot mo naman ang patis sa pantry.**

Patrick: **O heto.**

Sheila: **Nako! Medyo kulang pa yata sa alat. Mike, pakikuha mo naman ang asin sa itaas ng rep.**

Mike: **O ito na.**

Sheila: **O ayan! Tapos na! Kainin na natin ito!**

Word Bank

panoorin to watch

Comprehension Questions:

1. **Ano ang niluluto ni Sheila?**

_____

2. **Ano ang lasa ng Bicol Express?**

_____

3. **Anu-ano ang sangkap sa niluluto ni Sheila?**

_____

4. **Anu-ano ang hakbang sa pagluluto ng Bicol Express?**

_____

5. **Ano ang huling sangkap na inilagay ni Sheila?**

_____

Activity 8

Listen and Write

Listen to the audio file (🎧 18-3) and write what you heard in the space provided below.

1. _____

2. _____

3. _____

4. _____

5. _____

6. _____

7. _____

8. _____

9. _____

10. _____

Activity 9

Working on Listening Skills

Listen to the audio file (🎧 18-4) and complete the box below.

Pagkain	Sangkap
1. Sinigang	
2. _____	
3. Halo-halo	

Activity 10

Working on Translation

Give the Tagalog equivalent of the following sentences.

1. Put the chicken in the pot.

_____

2. Grate the cheese now.

_____

3. Slice the beef.

_____

4. Get the fish sauce.

_____

5. Marinate the chicken tonight.

_____

6. Grill the vegetables.

_____

7. Fry the fish.

_____

8. Peel the banana.

_____

9. How spicy is the food?

_____

10. How hot is the plate?

_____

UNIT 7: Paglalakbay (*Travel*)

LESSON 19

Bakasyon (*Vacation*)

Matching Activity

Match the words below with the English equivalent from the box.

a. to bring provisions	b. toward	c. to travel	d. arrival	e. shore
f. to climb a mountain	g. to receive (object-focus)	h. entertaining	i. the following day	j. sand

_____ 1. **maglakbay**   _____ 2. **nakakalibang**

_____ 3. **ibaon**   _____ 4. **tanggapin**

_____ 5. **kinabukasan**   _____ 6. **papunta**

_____ 7. **buhangin**   _____ 8. **pampang**

_____ 9. **umakyat ng bundok** _____ 10. **dating**

Working on Conjugations

Give the completed forms of the following infinitives.

Infinitive	Completed	Infinitive	Completed
alukin		ayusin	
basahin		dalhin	
hintayin		hiramin	
ibaon		ibigay	
ikuwento		sunduin	

Activity 3

Working on Markers

Supply the missing markers or pronouns in the spaces.

1. Umakyat _____ Mario _____ bundok noong isang linggo.

2. Sumisisid _____ mga bata _____ dagat.

3. Sinundo na ba _____ Karen _____ anak niya _____ paliparan?

4. Ibinigay _____ (they) _____ mga pasalubong _____ (me).

5. Inalok na ba _____ (you pl.) _____ Sally?

6. Ikinuwento _____ (he) sa akin _____ nangyari.

7. Binasa _____ (I) na _____ mapa.

8. Inayos na _____ Nanay _____ mga baon natin para bukas.

Activity 4

Working on *Nakaka-* Adjectives

Use the words from the box to complete the sentences below. Then write the English equivalent of each sentence in the space provided.

nakakaantok	nakakahilo	nakakalibang
nakakalungkot	nakakalula	nakakamangha
nakakapagod	nakakarelaks	nakakatawa
nakakatuwa		

1. _____ ang bakasyon namin sa Pilipinas.

   _____

2. _____ ang mga korales sa dagat.

   _____

3. _____ ang biyahe namin papunta sa Hongkong.

   _____

4. _____ ang pasalubong ng kaibigan ko sa akin.

   _____

5. _____ ang bangka namin papunta sa Boracay.

   _____

Activity 5

Dialogue Completion

Use the sentences from the box to complete the dialogue below. You may use only five out of the eight sentences.

Walang anuman, iho. Oo. Pero malayo pa yun dito.

Maraming salamat po, ah. Nasaan po ang Dusit Hotel?

O sige salamat. Pagkatapos, saan po ako bababa? Nasaan po ang jeep?

O sige. Walang problema, ano ba iyon? Saan po ako sasakay ng bus?

Rene: **Excuse me po. Puwede po bang magtanong?**

Aling Nena: _____

Rene: **Alam po ba ninyo kung paano pumunta sa Dusit Hotel?**

Aling Nena: _____

Rene: **Talaga po? O sige ayos lang po.**

Aling Nena: **O sige. Kailangan mong sumakay ng bus papunta sa Makati.**

Rene: _____

Aling Nena: **Dumiretso ka dito sa kalye ng Mabini, pagkatapos kumaliwa ka sa pangalawang kanto. Doon, puwede kang sumakay ng bus.**

Rene: _____

Aling Nena: **Sa Ayala Ave at Paseo de Roxas. Pagkatapos, dumiretso ka lang at kumaliwa. Nasa kanan mo ang Dusit.**

Rene: _____

Aling Nena: **Walang anuman.**

Activity 6

Editing

There are nine mistakes in this dialogue. The first mistake is already corrected. Find and correct the other eight.

Resepsyonista: **Kumusta po kayo?**

Kliyente: **Mabuti naman. Salamat. Kailangan ~~ako~~ *ko* ng isang kuwarto para sa tatlong araw.**

Resepsyonista: **O sige po. Ano pong klase ng kuwarto ang gusto ninyo? Gusto po ba kayo ng isang kama o dalawang kama?**

Kliyente: **Isang kama lang. Salamat.**

Resepsyonista: **Ayos lang po ba ng non-smoking sa inyo?**

Kliyente: **Oo. Kailangan ko ng non-smoking ang kuwarto.**

Resepsyonista: **O sige po, mayroon po ako ng isang kuwarto sa 8th floor at tatlong libong piso po ito bawat araw.**

Kliyente: **O sige, ok lang. Anu-ano ng kasama dito?**

Resepsyonista: **Mayroon po kayong libreng buffet ang breakfast. Nakahanda po ito sa buffet room namin mula alas siyete ng umaga hanggang alas dose ng tanghali. Pagkatapos, mayroon din po kami ng swimming pool at gym sa 3rd floor.**

Kliyente: **Ah o sige salamat ah.**

Resepsyonista: **At saka kung gusto po ninyong maglaro ng golf, nagbibigay po kami ang 50% na diskawnt.**

Activity 7

Working on Reading

Read the text below and answer the comprehension questions in English.

> ### Word Bank
>
> **makilala** to meet someone
> **pagluluto** cooking
> **matuto** to learn

Mahal kong Sarah,

Kumusta ka na? Sana ay mabuti ka naman. Gusto kong magkuwento sa iyo ng bakasyon ko at ng mga kaibigan ko sa Bali noong isang Linggo. Dumating kami sa Bali noong Biyernes nang umaga. Masayang-masaya kami dahil magandang-maganda ang dagat at marami ring mga tao na nandoon. Nakilala namin ang mga turista doon. Taga-Europa at Hapon sila. Pagkatapos, pumunta na kami ng mga kaibigan ko sa otel namin. Malaki at magandang-maganda ang otel namin at napakabait ng mga nagtatrabaho doon. Noong pumasok kami, ibinigay nila ang mga kwintas na bulaklak sa amin at pagkatapos inalok din nila kami ng mga inumin.

Masaya kami sa otel namin. Pagkatapos, dahil gusto naming matuto ng kultura nila, pumunta kami sa mga museo at pagkatapos, pumunta kami sa eskwelahan ng pagluluto. Dito, nag-aral kami kung paano magluto ng mga tradisyunal na pagkain nila sa Indonesia. Talagang masayang-masaya kami at masarap na masarap ang mga pagkain na iniluto namin.

O sige na muna. Susulat na lang ako sa iyo muli.

Nagmamahal,
Nicolas

Comprehension Questions:

1. **Saan pumunta sina Nicolas? Sino ang kasama niya?**

_____

2. **Sino ang nakilala nila sa Bali?**

_____

3. **Anu-ano ang mga ibinigay sa kanila ng mga nagtatrabaho sa otel?**

_____

4. **Anu-ano ang mga ginawa nila para matuto ng kultura sa Indonesia?**

_____

_____

Activity 8

Listen and Write

Listen to the audio file (🎧 19-3) and write what you heard in the space provided below.

1. _____

_____

2. _____

_____

3. _____

_____

4. _____

   _____

5. _____

   _____

Activity 9

Working on Listening Skills

Listen to the audio file (19-4) and complete the box below.

Pangalan	Saan	Kasama	Aktibidad
1.			
2.		nobyo	
3. Eric			
4.			Nag-aral magluto ng Thai na pagkain.

Activity 10

Working on Translation

Give the Tagalog equivalent of the following sentences.

1. My brother ate my food last night.

   _____

2. She read the Lonely Planet travel guide.

   _____

3. They waited for him for three hours last night.

   _____

4. I brought food on our trip.

   _____

5. She organized her books on the table.

   _____

6. Her mother picked us up at the airport last week.

   _____

7. Did she tell you about it?

   _____

8. Did you receive my present (souvenir)?

   _____

9. I looked for it last night.

   _____

10. My friend borrowed my suitcase.

    _____

LESSON 20

Mga Pista (*Festivals*)

Matching Activity

Match the words below with the English equivalent from the box.

a. Mother's Day	b. to make/fix/do	c. to play a musical instrument	d. town
e. wardrobe	f. All Saints Day	g. to happen	h. festival/celebration
i. Christmas	j. to dance		

_____ 1. **nayon**

_____ 2. **pagdiriwang**

_____ 3. **Undas**

_____ 4. **Araw ng mga Ina**

_____ 5. **mangyari**

_____ 6. **gawin**

_____ 7. **sayawin**

_____ 8. **tugtugin**

_____ 9. **kasuotan**

_____ 10. **Pasko**

Working on Conjugations

Give the completed and incompleted forms of the following infinitives.

Infinitive	Completed	Incompleted
buhatin		
gawin		
sayawin		
iitsa		
ibalita		
ipagdiwang		

Activity 3

Changing Actor Focus to Object Focus

Write the object-focus equivalent of the actor-focus sentences.

Actor-Focus Sentence	Object-Focus Sentence
Nagdadala ng baon si Tony sa biyahe niya papunta sa Tokyo.	
Kumakanta ng Pambansang Awit ang mga estudyante tuwing umaga.	
Tumutugtog ng piyano si Sally sa "Watering Hole" tuwing Sabado.	
Nagdiriwang ang mga tao sa Marinduque ng Moriones taun-taon.	
Gumagawa ako ng takdang-aralin tuwing gabi.	

Activity 4

Working on Dates

Answer the following questions in a complete sentence.

1. **Kailan ang Araw ng Kalayaan sa Pilipinas?**

   _____

2. **Kailan ang kaarawan mo?**

   _____

3. **Kailan ang Araw ng mga Ina sa taong ito?**

   _____

4. **Kailan ang Araw ng mga Manggagawa sa Amerika?**

   _____

5. **Kailan ang Araw ng Pasko?**

   _____

Activity 5

Working on Actor-Focus and Object-Focus Verbs

Circle the correct verb form in each sentence and give the English equivalent.

1. Ano ang _____ (bumunggo, binunggo) sa kaniya?

_____

2. Ano ang _____ (kumakanta, kinakanta) niya?

_____

3. Ano ang _____ (pumatak, ipinatak) sa damit mo?

_____

4. Ano raw ang _____ (nagpoprotekta, pinoprotektahan) sa kanila?

_____

5. Ano ang _____ (pumili, pinili) mong lipad papunta sa Hapon?

_____

Activity 6

Editing

There are eight mistakes in this dialogue. The first mistake is already corrected. Find and correct the other seven.

Tobii: **Oy Jayson! Ano ~~ng~~ *ang* ginawa mo sa isang linggo?**

Jayson: **Pumunta ko sa Bulacan para manood ng parada.**

Tobii: **Anong parada ito?**

Jayson: **Parada noong Biyernes Santo.**

Tobii: **Ano ang ginagawa ang mga tao sa araw na ito?**

Jayson: **Ipinaparada ang mga tao ang iba't ibang mga rebulto. Nagbibigay ni kuwento ni Hesus ang bawat karo.**

Tobii: **Talaga?**

Jayson: **Oo, inaalaala sa araw na ito ang nangyari sa Hesus.**

Tobii: **Ay sayang hindi ko ito nakita. Sa isang taon, gusto kong sumama sa iyo.**

Jayson: **O sige ba! Walang problema. Taun-taon nanonood ko ng paradang na ito.**

Activity 7

Working on Reading

Read the text below and answer the comprehension questions in English.

Word Bank

suotan to be dressed   **kung minsan** sometimes
kapag when   **makapagnakaw** to be able to steal

Ang Parada ng Lechon

Sa Pilipinas, ipinagdiriwang ang Parada ng mga Lechon tuwing a-bente kuwatro ng Hunyo sa Balayan, Batanggas. Sa araw na ito, ang mga lechon ay sinusuotan ng mga makukulay na damit, salamin, raincoat, at iba pang mga dekorasyon.

Kung minsan, magulo ang mga taong nanonood ng parada at nagdadala pa sila ng tubig at serbesa. Kapag dumadaan na ang parada, nagsisimula nang basain ng mga nanonood ang mga lechon, mga nagbubuhat ng lechon, at ang mga iba pang nanonood ng parada. At kung minsan din, gustong magnakaw ng mga nanonood ng parada ng malutong na balat ng lechon. Dahil dito, naglalagay ang may-ari ng lechon ng barbed wire sa lechon para hindi makapagnakaw ang mga tao ng balat.

Pagkatapos ng parada, dinadala ang mga lechon sa mga bahay ng may-ari at dito nagkakaroon ng mas marami pang selebrasyon.

Comprehension Questions:

1. Saan at kailan ipinagdiriwang ang Parada ng mga Lechon?

_____

2. Ano ang isinusuot sa mga lechon sa araw ng parada?

_____

_____

3. Ano ang ginagawa ng mga tao kung dumdaan ang parada?

_____

_____

4. Ano ang inilalagay ng mga may-ari ng lechon para hindi makapagnakaw ang mga nanonood?

_____

5. Saan dinadala ang mga lechon pagkatapos ng parada?

_____

Activity 8

Listen and Write

Listen to the audio file (20-3) and write what you heard in the space provided below.

1. _____

_____

2. _____

_____

3. _____

_____

4. _____

_____

5. _____

_____

Activity 9

Working on Listening Skills

Listen to the audio file (20-4) and complete the box below.

Pista	Petsa	Gawain
1.		
2.		
3.	Ika-24 ng Disyembre	
4.		Pumupunta ang mga tao sa simabahan ng Quiapo para makita ang itim na rebulto ni Hesu Kristo.

Activity 10

Working on Translation

Give the Tagalog equivalent of the following sentences.

1. What are they doing?

_____

2. What is Kristine singing?

_____

3. What do they celebrate in Cebu?

_____

4. What is happening?

_____

5. They celebrate the Philippine's Independence Day on June 12th.

_____

6. The people celebrate Christmas Day on December 25th.

_____

7. When is your birthday?

_____

8. My friend's birthday is on October 25th.

_____

9. When did you go to Italy?

_____

10. I went to Italy on June 25th.

_____

LESSON 21

Mga Iba't ibang Lugar sa Pilipinas
(*Places in the Philippines*)

Activity 1

Matching Activity
Match the words below with the English equivalent from the box.

a. to return	b. to visit	c. to talk/converse	d. to turn around	e. to know someone
f. horse carriage	g. to turn	h. to go straight	i. boat	j. to get on/ride

_____ 1. **sumakay**   _____ 2. **umikot**

_____ 3. **bisitahin**   _____ 4. **ibalik**

_____ 5. **bangka**   _____ 6. **kalesa**

_____ 7. **dumiretso**   _____ 8. **lumiko**

_____ 9. **kausapin**   _____ 10. **kilalanin**

Activity 2

Working on Conjugations
Give the infinitive, completed, incomplete, and contemplated form of each root word. Use **-in** for the first three and **i-** for the last two root words.

Root Word	Infinitive	Completed	Incompleted	Contemplated
kain				
bisita				
isip				
uwi				
tinda				

Activity 3
Working on Aspect
Supply the missing information in the blanks, making sure to use the appropriate aspect for each sentence.

1. _____ **(tinda) ni Martha ang mga sapatos araw-araw.**

2. _____ **(turo) niya ang Tagalog sa mga kaibigan niya noong isang taon.**

3. _____ **(balik) ko ang libro mo bukas.**

4. _____ **(kumbida) mo ang mga kaibigan mo sa bahay natin.** (command)

5. _____ **(bisita) ko si Karla sa ospital sa Martes.**

6. _____ **(dalaw) mo ba ang mga lolo at lola mo noong isang linggo?**

7. _____ **(bilang) mo ang mga lugar na napuntahan mo sa Pilipinas.** (command)

8. _____ **(kontak) ko ang mga kamag-anak natin mamaya.**

9. _____ **(kausap) ko ang ale mamaya.**

10. _____ **(isip) ko mamaya kung magbabakasyon ako sa Pilipinas sa tag-init.**

Activity 4
Changing Actor Focus to Object Focus
Write the object-focus equivalent of the actor-focus sentences.

Actor-Focus Sentence	Object-Focus Sentence
Magtitinda si Maria ng mga damit ngayong tag-init.	
Mag-uuwi sila ng mga pasalubong para sa atin.	
Tatanggap ako ng tseke mula sa bangko ko.	
Magbabasa ako ng libro mamayang gabi.	
Magdadala kami ng mga pagkain sa bahay ni Maria.	

Activity 5

Working on Actor-Focus and Object-Focus Verbs

Circle the correct verb form in each sentence and give the English equivalent.

1. Sino ang _____ **(bumati, binati) mo kanina?**

_____

2. Sino ang _____ **(bibisita, bibisitahin) sa iyo mamaya?**

_____

3. Sino ang _____ **(magtuturo, ituturo) ng Tagalog sa atin?**

_____

4. Sino ang _____ **(kumausap, kinausap) sa iyo kahapon?**

_____

5. Sino ang _____ **(kumain, kinain) ng keyk sa rep?**

_____

Activity 6

Editing

There are ten mistakes in this dialogue. The first mistake is already corrected. Find and correct the other nine.

Eric: **Uy Matt! Ano ang gagawin ~~ka~~ *mo* ngayong tag-init?**

Matt: **Magpupunta ng kami ng pamilya ko noong Palawan.**

Eric: **Talaga? Sinu-sino ang pupunta?**

Matt: **Ang pamilya namin at saka sasama rin ang Sarah sa amin.**

Eric: **Ang saya naman. Ilang araw kayo doon at anu-ano ang plano ninyo?**

Matt: **Dalawang araw lang kami doon. Sa unang araw, binisita namin ang Lolo at Lola sa Mindoro, pagkatapos, sasakay namin sa bapor papunta sa Palawan.**

Eric: **Ang saya naman.**

Matt: **Oo! Hindi na ako makapaghintay. Pagkatapos, sinabi ang Nanay na kokontakin din namin ang mga pinsan namin sa Palawan at yayain namin sila na pumunta sa beach!**

Eric: **Ang saya! Sabi sa akin ng Tatay ko na nasa Palawan ang pinakamagandang beach sa Pilipinas.**

Matt: **Oo nga. Sinabi rin sa akin ito ng Nanay ko. Ano? Gusto mo bang sumama sa amin?**

Eric: **Hindi ko pa alam. Iisipin ako ito at tatanungin ako si Nanay kung puwede akong sumama sa inyo.**

Matt: **O sige. Sabihin mo lang sa amin para puwede na tayong nagplano.**

Eric: **O sige!**

Activity 7

Working on Reading
Read the dialogue below and answer the comprehension questions in English.

Nancy: **Karla, saan ba tayo pupunta sa bakasyon?**
Karla: **Parang gusto kong pumunta sa Corregidor.**
Nancy: **Ha? Bakit sa dami-dami ng lugar, Coregidor pa? Ano ba ang mayroon doon?**
Karla: **Ano ka ba!** *Makasaysayang* **lugar ang Corregidor. Makikita natin doon ang mga** *kanyon* **na ginamit noong panahon ng giyera at sinasabi ng mga tao na** *kung* **pupunta raw tayo sa gabi, may makikita tayong mga multo.**
Nancy: **Nako! 'Wag na lang diyan. Mukhang nakakatakot naman yata diyan, eh. At saka di ba, kailangan pa na-ting sumakay ng** *barko* **para makapunta diyan?**
Karla: **Oo. Isang oras at labinlimang minuto kung sasakay tayo sa barko.**
Nancy: **Hindi ba delikado 'yan?**
Karla: **Hindi naman, pero kung maalon, medyo nakakahilo ang** *pagsakay* **sa barko. Ano? Pupunta ba tayo sa Corregidor? O sa ibang lugar na lang?**
Nancy: **Mayroon ka pa bang ibang lugar na alam?**
Karla: **Oo naman. Pwede rin tayong pumunta sa Vigan. Taga-Vigan ang mga lolo at lola ko kaya may sasama na sa atin doon. Tapos, sabi nila, marami tayong makikitang mga lumang bahay doon- mga bahay na ginawa noong panahon pa ng Kastila.**
Nancy: **O sige! Gusto kong pumunta diyan. Pero di ba, nandiyan din ang bahay ng dating Pangulong Marcos?**
Karla: **Oo. O sige. Sabihin mo sa mga kaibigan natin.**
Nancy: **Sige. Kokontakin ko sila mamaya.**

Word Bank

makasaysayan historical
kung if
kanyon cannon
multo ghost
barko ferry, boat
pagsakay ride (noun)

Comprehension Questions:

1. **Ano ang makikita sa Corregidor?**

   _____

2. **Bakit natakot si Nancy na pumunta sa Corregidor?**

   _____

3. **Ilang oras ang biyahe papunta sa Corregidor?**

   _____

4. **Saan pupunta sina Nancy at Karla sa bakasyon?**

   _____

5. **Ano ang makikita sa Vigan?**

   _____

Activity 8

Listen and Write

Listen to the audio file (21-3) and write what you heard on the space provided below.

1. _____

   _____

   _____

2. _____

   _____

   _____

3. _____

   _____

   _____

4. _____

   _____

   _____

5. _____

   _____

   _____

Activity 9

Working on Listening Skills

Research the Internet and look for the song "Pilipinas, Tara Na! V.1" by Rene Nieva. Listen to the song twice and answer the questions in English in the box below.

Pagkain	Pamilihan	Bilihin
Base sa kanta, anu-anong mga pagkain ang puwedeng malasap sa Camiguin, Pateros, at Malolos?	Base sa kanta, anu-ano ang mga iba't-ibang pamilihan sa Pilipinas?	Base sa kanta, anu-ano ang mga iba't-ibang produkto sa Sulu, Marikina, at Bicolandia?

Activity 10

Working on Translation

Give the Tagalog equivalent of the following sentences.

1. My friends and I will visit Esteban next week.

_____

2. They will invite us to their party on Saturday.

_____

3. They will contact you next week.

_____

4. She will pick us up tonight.

_____

5. My friend will return your books on Friday.

_____

6. Who will they visit tomorrow?

   _____

7. Who will visit you next week?

   _____

8. Who will teach her Tagalog?

   _____

9. Who will bring the food?

   _____

10. Who will you pick up tonight?

   _____

UNIT 8: Kulturang Popular sa Pilipinas
(*Popular Culture in the Philippines*)

LESSON 22

Mga Alamat (*Legends*)

Matching Activity

Match the words below with the English equivalent from the box.

a. careless/negligent	b. to bury	c. to rely on	d. fairy	e. to allow someone
f. to approach someone	g. beggar	h. to take after/inherit	i. instead	j. to follow someone

_____ 1. **diwata**   _____ 2. **pulubi**

_____ 3. **pabaya**   _____ 4. **sa halip**

_____ 5. **magmana**   _____ 6. **ibaon**

_____ 7. **sundan**   _____ 8. **payagan**

_____ 9. **lapitan**   _____ 10. **asahan**

Working on Conjugations

Give the different conjugation forms of the following verbs.

-An/-Han Verb				
Root	Infinitive	Completed	Incompleted	Contemplated
asa				
bigay				
dala				

Three Verb Focuses			
Verb: Turo	Actor Focus	Object Focus	IDO Focus
Infinitive			
Completed			
Incompleted			
Contemplated			

Three Verb Focuses			
Verb: Kuha	Actor Focus	Object Focus	IDO Focus
Infinitive			
Completed			
Incompleted			
Contemplated			

Activity 3

Working on Indirect-Object Complement

Underline the indirect-object phrase in each of the following sentences.

1. **Sumulat si Bogart ng liham kay Margie.**

2. **Nagbayad siya sa tindero ng isang daang piso.**

3. **Humiram si Marcus ng libro sa akin noong linggo.**

4. **Binigyan ni Pedro ng pera ang kapatid niya.**

5. **Tutulungan ko ang mga kaibigan ko.**

6. **Kinuha ko ang libro ko kay Maria kahapon.**

7. **Tatawagan ko siya bukas ng hapon.**

8. **Umorder ako ng keyk kay Bob.**

9. **Itinuturo niya sa akin ang Tagalog tuwing Sabado at Linggo.**

10. **Binabasahan ni Melinda ang anak niya ng libro gabi-gabi.**

Activity 4

Working on Actor-, Object-, and Indirect-Object Focus

Complete the paragraph using the correct form of the verb in parenthesis.

Isang Araw sa Aplaya

Noong 2002, _____ (to go) **kami ng pamilya ko sa aplaya sa Batangas.** _____ (to bring along with) **namin ang mga lolo't lola namin at ang mga alaga naming aso.** _____ (to leave) **kami sa bahay namin nang bandang alas singko ng umaga at** _____ (to arrive) **kami nang alas dose na ng tanghali. Sobrang mahaba ang biyaheng ito. Kinailangan pa naming** _____ (to stop) **ng tatlong beses para** _____ (to use) **ng banyo at** _____ (to buy) **ng pagkain sa daan.**

Noong _____ (to arrive) **na kami sa aplaya, talagang natuwa ako sa nakita ko. Magandang-maganda ang buong paligid. Parang pulbos ang buhangin at maraming puno ng niyog sa paligid. Agad akong** _____ (to swim: **langoy**) **at** _____ (to climb: **akyat**) **naman ang mga kapatid ko sa bundok na malapit doon sa aplaya. Pagkatapos nito, naisipan naming** _____ (to walk) **papunta sa palengke para** _____ (to eat) **ng meryenda. Nakita namin ang Dencio's Grill. Dito,** _____ (to catch: **huli**) **nila ang mga isda at** _____ (to cook) **nila dito ang mga ito. Talagang sariwang-sariwa ang mga isda.**

Pagkatapos nito, **busog na busog na kami at hindi namin maigalaw ang katawan namin. Kaya, naisipan naming umuwi na sa otel. Ang problema, habang naglalakad na kami pauwi nawala ang bunsong kapatid namin, kaya kinailangan naming** _____ (to call) **ang nanay at tatay namin para malaman nila ang nangyari.**

Activity 5

Working on Actor-, Object-, and Indirect-Object Focus

Rewrite the following sentence using different verb forms. Write X if there is no appropriate equivalent.

AF:	1. **Nagbigay ako ng mga tsokolate kina Mike.**
IDO:	
DO:	
IDO:	2. **Hiniraman niya si Myrna ng mga libro kahapon.**
AF:	

DO:	
IDO:	3. Kailan mo ako tuturuan ng Tagalog?
DO:	
AF:	
AF:	4. Magdadala ka ba ng mga pagkain sa eskwelahan bukas?
DO:	
IDO:	
DO:	5. Binibili ko ang mga damit na ito kay Greg.
AF:	
IDO:	

Activity 6

Editing

There are ten mistakes in the following paragraphs. The first mistake is already corrected. Find and correct nine more.

Kakaibang Araw

May isang interesanteng bagay na nangyari sa pagupitan namin kahapon. Siguro bandang alas diyes ng umaga kahapon, ~~Binukas~~ *BUMUKAS* ang pinto. Pagkatapos, pumasok ng isang lalaki. Nagsabi niya na ayaw siya ng pangkaraniwang gupit. Gusto raw siya ng bagong istilo. Sinabi niya sa akin na ginugupit ko raw ang kanang bahagi lang ng kanyang buhok.

Kaya naman, kumuha ko ang gunting ko at nagsimula na akong gupitin ang buhok niya. Tinapos ko ang isang bahagi at pagkatapos ay huminto na ako. Tingin siya sa salamin at pagkatapos ay ngumiti siya.

Pagkatapos nito, nagbigay niya ako ng isang daang piso at sinabi siyang "dalawang daan ang bayad sa normal na gupit kaya para sa gupit ko isang daan na lang."

Activity 7

Working on Reading

Read the following text and complete the Dialogue Comprehension exercise in English.

Word Bank

taguan hide and seek
makabasag to break something
paluin to hit, to slap
magulat to be startled
maalala to remember
pang-aapi cruelty
tinik thorn

Ang Alamat ng Pinya

1. Noong unang panahon, may isang bata na Pina ang pangalan. Maagang namatay ang mga magulang ni Pina kaya si Martha, ang tita ni Pina na lamang ang nag-alaga sa kaniya.

2. Mabait, masipag at mapagtiis si Pina samantalang tamad, masungit at pabaya naman sa bahay ang tita niya. Nagkasakit si Pina noong bata pa siya pero hindi siya ipinagamot ng tita niya. Naging dahilan ito para lumabo ang mata niya. Dahil dito, hindi na nakapag-aral si Pina sapagkat hindi na siya makabasa ng kaniyang mga aralin.

3. Lumipas ang maraming araw, lumala ang sakit niya sa mata niya. Kadalasan kapag naglalaro si Pina ng taguan kasama ang mga kaibigan niya, hindi na nagtatago ang mga bata at sa halip tumatabi na lamang sa kanya at kinukurot at tinutukso siya ng mga ito.

4. Isang araw habang naglalaro si Pina, tinawag siya ni Martha para maghugas nang mga plato. Agad na sinunod ito ni Pina, ngunit nakabasag si Pina ng mga plato.

5. Galit na galit si Martha nang marinig niya ito. Pinagpapalo niya si Pina dahil sa matinding galit niya. At sinabi niyang: "Dapat napapaligiran ang ulo mo ng mga mata para nakikita mo ang lahat."

6. Nagmamakaawa si Pina na tigilan na ng kaniyang tita ang pagpalo sa kanya pero hindi ito nakinig. Tumakbo si Pina sa gubat nang hindi na siya makatiis.

7. Lumipas ang maghapon ngunit hindi bumalik si Pina. Hindi rin nakatiis si Marta at hinanap rin nila si Pina. Ngunit wala na siya.

8. Lumipas pa ang maraming araw. Isang umaga nagulat ang lahat nang may tumubong isang halaman sa harapan ng bahay ni Martha. Nagbunga ang halaman ng isang prutas na may mga mata sa paligid. Bigla nilang naalala si Pina at ang sinabi ni Marta sa kanya: "Dapat napapaligiran ang ulo mo ng mga mata para nakikita mo ang lahat!"

9. **May isang masamang bata ang lumapit para makita, pero natusok siya ng mga matutulis na tinik sa dulo ng mga dahon. Naalala nila ang pang-aapi nila kay Pina.**

10. **"Ayaw na ni Pina na lalapitan natin siya." Sigaw ng isa pang masamang bata. "Ayaw niyang kinukurot natin siya kaya tayo naman ang tinutusok ng kanyang mga tinik."**

11. **"Si Pina! Si Pina!" magkakasabay na sigaw ng mga bata habang itinuturo nila si Marta na nasa harapan ng bahay at nakatingin sa kanila. Mula noon tuwing makikita ng mga tao ang halaman at ang prutas nitong hugis ulo na may maraming mata ay tinatawag nila itong si Pina nga. Nang lumaon ay naging Pinya na lamang ang naging tawag nila dito.**

Dialogue Comprehension:

Using the boxes below, create a storyboard of the "**Alamat ng Pinya.**" Afterwards, write one or two complete sentences describing each illustration.

Activity 8

Listen and Write

Listen to the audio file (🎧 22-3) and write what you heard in the space provided below.

1. _____

_____

2. _____

_____

3. _____

_____

4. _____

_____

5. _____

_____

Activity 9

Working on Listening Skills

Listen to the audio file (🎧 22-4) and complete the box below.

Actor-Focus Sentence	Object-Focus Sentence
1. **Ano ang pangalan ng dalawang higante?**	
2. **Ilarawan ang mga higante.**	
3. **Ano ang nakita ng dalawang higante?**	
4. **Bakit sila nag-away?**	
5. **Ano ang nangyari pagkatapos nilang mag-away?**	

Activity 10

Working on Translation

Write the appropriate focus in the space next to each number and then give the Tagalog equivalent of the English sentence.

To give: **bigay**

_____ 1. Mike gave Sandra flowers last night.

_____

_____ 2. Who gave her flowers?

_____

_____ 3. Who did Mike give flowers to?

_____

_____ 4. Did Mike give her flowers?

_____

_____ 5. What did Mike give her?

_____

To buy: **bili**

_____ 1. Jared will buy clothes for me.

_____

_____ 2. Who bought the shirt for you?

_____

_____ 3. What will I buy for Jared?

_____

_____ 4. I don't want to buy this for her.

_____

_____ 5. Where will you buy it?

_____

LESSON 23

Sine at Telebisyon (*Cinema and Television*)

Activity 1

Matching Activity

Match the words below with the English equivalent from the box.

a. commercial	b. soldier	c. to have someone eat	d. chase	e. movie
f. boring	g. to dream	h. villain	i. scary	j. event

_____ 1. **mangarap**   _____ 2. **magpakain**

_____ 3. **nakakabato**   _____ 4. **nakakatakot**

_____ 5. **sundalo**   _____ 6. **patalastas**

_____ 7. **habulan**   _____ 8. **pangyayari**

_____ 9. **kontrabida**   _____ 10. **sine**

Activity 2

Working on Conjugations

Give the different conjugations of the following verbs.

Magpa- Verb				
Root	Infinitive	Completed	Incompleted	Contemplated
kuha				
linis				
tulong				
inom				
alis				

Activity 3

Working on *Magpa-*

Write five sentences using the affix **magpa-**. Think of five different things you can have someone do for you to straighten up your bedroom.

1. _____

2. _____

3. _____

4. _____

5. _____

Activity 4

Working on *Magpa-*

Write down what you can have the following people do for you.

1. **Sa kakuwarto ko**

_____

2. **Sa kaibigan ko**

_____

3. **Sa kaklase ko**

_____

4. **Sa kapatid ko**

_____

5. **Sa mga magulang ko**

_____

6. **Sa doktor**

_____

7. **Sa nars**

_____

8. **Sa kusinero/a**

_____

9. **Sa dentista**

_____

10. **Sa abogado**

_____

Activity 5

Working on *Pagka-*

Complete the following sentences.

1. **Pagkakain namin ng mga kaibigan ko,** _____

2. _____ **, nagpunta ako sa gym para mag-ehersisyo.**

3. **Pagkalinis ni Maria ng kuwarto niya,** _____

4. _____ **, magbabakasyon siya sa Europa.**

5. **Pagkadating ng kaibigan ko mula sa bakasyon niya,** _____

6. _____ **, binili niya ang paborito kong pagkain.**

7. **Pagkasayaw ni Marcus,** _____

8. _____, hihiramin ko ang kotse mo.

9. **Pagkaligo ng bata,** _____

10. _____, bibigyan ko siya ng mga bulaklak.

Activity 6

Editing

There are eight mistakes in the dialogue below. The first mistake is already corrected. Find and correct seven more.

Nanay: **Ang dumi-dumi na ng apartment mo, Anak!**

Sheila: **Oo nga. Nagpatulong na ako ~~kay~~ sa kaibigan ko na maglinis ng bahay.**

Nanay: **Ano ang sabi niya? Kailan siya pupunta?**

Sheila: **Magpapahatid daw niya sa kapatid niya dito pagkaumuwi niya galing sa eskwelahan.**

Theron: **Oy! Manood tayo ng sine mamayang gabi! Balita ko palabas na ang pinakahihintay kong sine.**

Mayra: **Talaga? Ano ba iyon?**

Theron: **'Yung sineng nakakatawa.**

Mayra: **O sige, pagkasulat ako ng essay ko puwede na tayong lumabas at manood ng sine.**

Theron: **Oo. Pero hindi tayo manonood sa sinehan. Nagpahiram na ko sa kakuwarto ko ng sine. Pagkaumalis niya sa trabaho, tutuloy na siya dito. Ayos lang ba 'yun?**

Mayra: **Oo naman!**

Tobi: **Oy! Ano ang gagawin mo mamayang gabi, Jay?**

Jay: **Hindi ko pa alam. Wala naman akong plano. Bakit?**

Tobi: **Puwede ba akong magpapatulong sa trabaho ko?**

Jay: **Oo naman. Anong oras mo kailangan?**

Tobi: **Mga alas otso siguro.**

Jay: **O sige. Pagkakain ako ng hapunan pupunta ako sa bahay mo.**

Working on Reading

Read the text below and answer the comprehension questions in English.

Dubai

Wala nang mga magulang sina Raffy at Andrew noong bata pa lang sila. Silang dalawa lang ang magkasama lagi. Simula bata sila, pangarap nila na pumunta sa Canada para doon tumira at magtrabaho. Isang araw, dahil wala nang pera ang magkapatid, inisip ni Raffy na pumunta sa Dubai para makatulong sa kapatid niya na si Andrew. Nagtrabaho si Raffy sa Dubai nang siyam na taon. At pagkatapos magkolehiyo ni Andrew, pumunta na siya sa Dubai para makasama ang kuya niya na si Raffy. Sa Dubai, nakilala ni Andrew si Faye, ang dating nobya ni Raffy. Naging mabuti ang relasyon nina Andrew at Faye. At isang araw naging magnobyo at nobya na ang dalawa. Dahil laging nakikita ni Raffy si Faye na kasama si Andrew, nagselos siya kay Andrew at naisip niya na mahal pa rin niya si Faye. Noong nalaman ni Andrew na mahal pa rin ni Raffy si Faye, nagkaroon na sila ng malaking problema at naging dahilan ng pagkasira ng mabuting relasyon nina Raffy at Andrew.

Comprehension Questions:

1. Sino ang dalawang magkapatid?

_____

2. Ano ang pangarap ng dalawang magkapatid?

_____

3. Kailan pumunta si Andrew sa Dubai?

_____

4. Sino ang nakilala ni Andrew sa Dubai?

_____

5. Bakit nagselos si Raffy kay Andrew?

_____

Listen and Write

Listen to the audio file (🎧 23-3) and write what you heard on the space provided below.

1. _____

_____

2. _____

_____

3. _____

_____

4. _____

_____

5. _____

_____

Activity 9

Working on Listening Skills

Listen to the audio file (🎧 23-4) and complete the box below.

Word Bank

nawawala missing
matagumpag successful
mahulog ang loob sa isa't-isa to fall in love

Pamagat	Mga Tauhan	Saan Naganap	Mga Nangyari

Activity 10

Working on Translation

Give the Tagalog equivalent of the following sentences.

1. She will have Stephanie wash her clothes.

   _____

2. Mike had his dad buy the motorcycle.

   _____

3. Ask her to get the food in the fridge.

   _____

4. They asked him to paint the kitchen on Saturday.

   _____

5. She is feeding the baby.

   _____

6. After I read *America Is in the Heart*, I will give it you.

   _____

7. After she cooks, she will call her mother.

   _____

8. After they ate, they went to the library.

   _____

9. After he shopped for food, he came to my house to cook dinner.

   _____

10. After my friend finished his work, we will go downtown to watch a movie.

    _____

LESSON 24

Musika at Sayaw (*Music and Dance*)

Matching Activity

Match the words below with the English equivalent from the box.

a. to be able to talk	b. to be able to save money	c. to be able to go home	d. ballad
e. to be able to cry	f. to be able to forgive	g. to be able to think	h. oldies
i. to be able to see	j. rock music		

_____ 1. **awitin tungkol sa pag-ibig**   _____ 2. **makalumang musika**

_____ 3. **rakistang musika**   _____ 4. **makapag-ipon**

_____ 5. **makapagpatawad**   _____ 6. **makaisip**

_____ 7. **makapag-usap**   _____ 8. **makakita**

_____ 9. **makaiyak**   _____ 10. **makauwi**

Working on Conjugations

Give the infinitive, completed, incompleted, and contemplated form of each root word.

Root	Infinitive	Completed	Incompleted	Contemplated
kain				
bisita				
isip				
uwi				
tinda				

Activity 3

Working on Markers and Pronouns

Supply the missing information in the blank provided.

1. **Nakapagbiyahe na** _____ **(I) sa Pilipinas** _____ **isang taon.**

2. **Nakakain** _____ **Mario** _____ **balot noong pumunta siya sa Pilipinas.**

3. **Makakarating ba** _____ **(you all)** _____ **salu-salo ko bukas ng gabi?**

4. **Hindi nakakapagsayaw** _____ **tinikling** _____ **mga bata.**

5. **Siguro sa isang taon, makakapagbasa** _____ **Julie ng mas maraming libro.**

6. **Makakapaghintay pa ba** _____ **(you) hanggang alas dos?**

7. **Napuyat ako kagabi, hindi** _____ **(I) nakapagsimba.**

8. **Sana makabalik** _____ **(you plural) agad** _____ **(here) sa amin.**

9. **Makakapanood** _____ **Maria at Kardo** _____ **sine bukas ng gabi.**

10. **Makakasama ba** _____ **(they)** _____ **(us)?**

Activity 4

Working on Abilitative Verbs

Using abilitative verbs, write down three different accomplishments that you have achieved or will achieve at the age specified on the left side.

Edad	Nagawa
Noong limang taon	
Noong sampung taon	

Edad	Nagawa
Noong labindalawang taon	
Noong labing-anim na taon	
Ngayon	
Kapag animnapung taon	

Changing *Mag-*, *-Um*, *-In*, and *I-* to *Maka-* and *Makapag-*

Write the abilitative equivalent of the following sentences.

Mag-, -Um, -In, I-	Abilitative Verbs
Ititinda ni Maria ang mga damit ngayong tag-init.	
Mag-uuwi sila ng mga pasalubong para sa atin.	
Tatanggapin ko ang tseke mula sa bangko ko.	
Babasahin ko ang libro mamayang gabi.	
Bibili kami ng mga pagkain sa restawran ni Maria.	

Activity 6

Working on Writing

Research the Internet and look for the song "Pers Lab" by Hotdogs and then create your own version using the text below.

Tuwing kita'y nakikita

Ako'y _____

Parang _____

_____

Ano ba naman ang sikreto mo

At di ka maalis sa isip ko?

Ano bang _____

At masyado _____?

Di na _____

Di pa _____

_____

_____

Sa kaiisip sa 'yo

_____ dumarami

Tuwing kita'y nakikita

Ako'y _____

Tuwing daan sa harap mo

Puso ko'y dumudungaw

Kelan ba kita makikilala

Sana'y malapit na

Malapit na

Activity 7

Working on Reading

Research the Internet and look for the song "Anak" by Freddie Aguilar. Read the lyrics and answer the questions in English.

1. **Bakit natutuwa ang mga magulang?**

    _____

2. **Anu-ano ang ginawa ng nanay at tatay para ipakita ang pagmamahal?**

    _____

3. **Payag ba ang mga magulang na maging malaya ang anak? Ipaliwanag.**

    _____

4. **Bakit sinuway ng anak ang payo ng mga magulang?**

    _____

5. **Ano ang mangyari sa anak ayon sa kanta?**

    _____

Activity 8

Listen and Write

Listen to the audio file (🎧 24-3) and write what you heard in the space provided below.

1. _____

    _____

    _____

2. _____

    _____

    _____

3. _____

    _____

    _____

4. _____

    _____

    _____

5. _____

_____

_____

Activity 9 🎧

Working on Listening Skills

Research the Internet and look for the song "Ligaya" by Eraserheads. Listen to the song twice and answer the questions in English.

1. **Anong bagay ang hindi napapansin ng kaniyang giliw?**

_____

2. **Ilang oras nang nagpapa-cute ang manganganta sa kaniyang giliw?**

_____

3. **Kung hindi ipagkakait ng giliw ng manganganta ang kaniyang pag-ibig, ano ang gagawin niya para sa kaniya?**

_____

4. **Ano ang pangako ng manganganta sa kaniyang giliw?**

_____

_____

_____

5. **Ano ang palagay mo sa kanta at bakit?**

_____

_____

_____

Activity 10

Working on Translation

Give the Tagalog equivalent of the following sentences.

1. My friend could swim when he was five.

   _____

2. They were able to get tickets for the concert.

   _____

3. My apartment was totally empty all day yesterday, and I was able to finish the book that I was reading.

   _____

4. She could not come last night because she had to work late.

   _____

5. My roommate lived in Taiwan, Japan, and the U.S., so he can speak four languages.

   _____

6. Po can cook really well. He is a chef in a Japanese restaurant.

   _____

7. When we walked into our apartment, we could smell gas.

   _____

8. They were so busy they could not write me a text message.

   _____

9. Sheila was able to pass her driving test. Now she can drive a car.

   _____

10. Who can be able to pick him up tomorrow night?

   _____

Answer Key

UNIT 1

Lesson 1

Activity 1 1. D 2. E 3. A 4. B 5. C 6. H 7. J 8. I 9. F 10. G

Activity 2 X/ ang/ ang/ Si/ ang/ Si

Activity 3 1. Si Pablo ang manunulat. 2. Sina Lea at Sharon ang mga manganganta. 3. Ang titser si Binibining Reyes. or Si Binibining Reyes ang titser. 4. Sina Bobby, Inaki, at Daniel ang mga estudyante. 5. Ang mga negosyante sina Kate at Susan. or Sina Kate at Susan ang mga negosyante.

Activity 4 1. Sino si Maria? 2. Sino ang mga arkitekto? 3. Sino si Carlos? 4. Sino sina Miriam at Bebel? 5. Sino si Propesor Ramos?

Activity 5 1. A 2. C 3. C 4. C 5. B

Activity 6 1. **Ang** lalaki ang alkalde. 2. Artista **si** Mike. 3. Mananayaw **sina** Ryan at Daniel. 4. Diborsyada **sina** Lani at Miriam. 5. Binata **ang** lalaki.

Activity 7 1. Justin is Kim's friend. 2. Justin's family is fine. 3. Justin teaches elementary for a living. 4. Myra delos Santos is Kim's daughter. 5. No.

Activity 8 1. Abogado ang babae. 2. Aleman ang arkitekto. 3. Hapon po siya. 4. Matematika ang klase ko. 5. Medisina ang kurso ko. 6. Siya ang alkalde. 7. Mananayaw ang mga estudyante. 8. Tsino ang manunulat. 9. Sila po ang mga manganganta. 10. Pilipino ho sila.

Activity 9 1. dentista 2. Si Beth 3. Guro 4. Arkitekto 5. Si Patrick

Activity 10 1. Sino si Lea? 2. Si Lea ba ang guro? 3. Sino po sila? 4. Sila ang mga estudyante. 5. Kami ang mga estudyante. 6. Dalaga si Sandra. 7. Inhinyero si Mike. 8. Amerikana siya. 9. Artista sina Allan at Aga. 10. Manunulat si Pepe.

Lesson 2

Activity 1 1. G 2. E 3. B 4. A 5. H 6. F 7. C 8. J 9. I 10. D

Activity 2 Taga saan/ Saan/ Saan/ Nasaan/ Saan

Activity 3 1. Taga saan si Mario? 2. Taga saan sila? 3. Nasaan ang mga bata? 4. Nasaan siya? 5. Saan sila nagtatrabaho?

Activity 4 1. A 2. C 3. B 4. A 5. B

Activity 5 1. Hindi taga-Amerika si Jose Rizal. 2. Wala sa Pilipinas ang California. 3. Hindi siya nakatira sa Pilipinas. 4. Hindi sila taga-Olongapo. 5. Wala ako sa aklatan.

Activity 6 Ipinanganak **ako** noong…/ Dentista **ang** tatay ko.../ May dalawa akong kapatid, **sina** Jimmy at Eddie./ Tatlumpu't isa na **si** Jimmy.../ Ngayon, nakatira ako **sa** bahay **nina** Eddie at Shereal.

Activity 7 1. Eddie is an engineer 2. Joyce is a lawyer. 3. No, their boss is not in the office. 4. Their boss may be at the cafeteria. 5. Eddie will go to the cafeteria.

Activity 8 1. Nasa eskwelahan ang mga bata. 2. Nagtatrabaho ho si Mario sa bangko. 3. Taga saan po kayo? 4. Nag-aaral ba sila sa Unibersidad ng Pilipinas? 5. Nakatira po kami sa Maynila. 6. Taga-Italya ang babae. 7. Nasa kapaterya sina Melanie at Fredy. 8. Nasaan ang mga estudyante? 9. Nakatira ang abogado sa Bellevue. 10. Saan po kayo nagtatrabaho?

Activity 9 1. PANGALAN: Carlos/ BANSA: Maynila or Pilipinas/ ESKWELAHAN: UCLA/ TIRAHAN: Amerika 2. PANGALAN: Kim/ BANSA: Hapon/ TRABAHO: Paliparan/ LUGAR: Cebu 3. PANGALAN: Diana/ BANSA: Tsina/ TIRAHAN: New York/ TRABAHO: kapaterya 4. PANGALAN: Lito/ BANSA: Pilipinas/ ESKWELAHAN: Unibersidad ng Pilipinas/ LUGAR: Panaderya

Activity 10 1. Nasaan si Teresita? 2. Nasa opisina si Teresita. 3. Saan ka nakatira? 4. Nakatira po ako sa Bulacan. 5. Saan sila nagtatrabaho? 6. Nagtatrabaho sila sa San Miguel. 7. Taga saan ang lalaki? 8. Taga-Hapon/Japan ang lalaki. 9. Taga-Hapon/Japan ba ang lalaki? 10. Hindi. Taga-Tsina/China siya.

Lesson 3

Activity 1 1. C 2. E 3. G 4. J 5. H 6. I 7. B 8. A 9. F 10. D

Activity 2 1. Gusto ni Brian ng mansanas. 2. Ayaw niya ng pansit. 3. Gusto ko siya. 4. Gusto mo ang kotse. 5. Ayaw ni Mike ng balut.

Activity 3 1. si 2. ang 3. siya 4. ng 5. si

Activity 4 1. Gusto ba ni Alicia si Martin? 2. Ayaw ka ba niya? 3. Ayaw ba sila ni Mike? 4. Ayaw ba niya sina Susan? 5. Gusto ba ng mga bata ang laruan?

Activity 5 1. Gusto siya ng mga empleyado. 2. Gusto ka niya. 3. Gusto mo ba si Melissa? 4. Ayaw ni Patricia si Martin. 5. Ayaw ni Karl ng Pilipinong pagkain.

Activity 6 Jamie: Oo, gusto **ko** ang mga pantalon, pero ayaw ko **ng mga** damit at sapatos./ Jamie: Ayaw **ko** ang mga tsinelas; masyadong matigas./ Jamie: Gusto ko **ng** ibang bag. Gusto ko **ang** malaki pero ayaw **ko** ang mga maliit.

Activity 7 1. NAME: Patrick/ SCHOOL: San Beda College/ MAJOR: Architecture/ HOMETOWN: Manila/ RESIDENCE: Dormitory/ LIKES: Boxing/ DISLIKES: Dance 2. NAME: Kardo/ SCHOOL: University of Santo Tomas/ MAJOR: English/ HOMETOWN: Bulacan/ LIKES: Music/ DISLIKES: Basketball 3. NAME: Sally/ SCHOOL: University of the Philippines/ MAJOR: Law/ HOMETOWN: China/ LIKES: Books/ DISLIKES: Music 4. NAME: Rica/ SCHOOL: Far Eastern University/ MAJOR: Medicine/ HOMETOWN: Cebu/ RESIDENCE: Manila/ LIKES: Music/ DISLIKES: Sports

Activity 8 1. Ayaw ko ng sabong. 2. Gusto nila ng boling. 3. Sino ang gusto mong manlalaro ng beysbol? 4. Gusto ko si Suzuki Ichiro kasi magaling siya. 5. Ano ang gusto mong laro? 6. Gusto ko ng beysbol at arnis. 7. Gusto mo ba si Carlos? 8. Hindi. Ayaw ko si Carlos kasi mayabang siya. 9. Gusto mo ba si Ellen? 10. Oo. Gusto ko siya kasi mabait siya.

Activity 9 1. NAME: Jimmy/ LIKE: Kobe Bryant/ REASON: mabilis at magaling siya sa basketbol/ DISLIKE: Sonny Jaworksi/ REASON: bastos siya 2. NAME: Lilia/ LIKE: Philippine Azcal/ REASON: pogi ang mga manlalaro/ DISLIKE: San Miguel Beermen/ REASON: nakakainis sila 3. NAME: Editha/ LIKE: Seattle Mariners/ REASON: mabait at mapagkumbaba ang mga manlalaro/ DISLIKE: Los Angeles Dodgers/ REASON: mahina at mayabang sila

Activity 10 1. Sino'ng gusto mo? 2. Gusto kita. 3. Gusto mo ba siya? 4. Oo. Gusto ko si Linda. 5. Gusto ba ni Mike si Sally? 6. Ayaw mo ba ng boksing? 7. Ayaw niya ng mga isports. 8. Gusto po nila ng mga isports. 9. Ano'ng gusto nila? 10. Gusto ko ang Texas Rangers.

UNIT 2
Lesson 4

Activity 1 1. E 2. G 3. H 4. B 5. I 6. A 7. D 8. J 9. C 10. F

Activity 2 1. mo 2. ni Sally 3. ko 4. ninyo 5. ni Maria

Activity 3 1. Nasa garahe ba ang kotse ko? 2. Ayaw ni Maria ang bahay niya. 3. Hindi ba taga-Cavite ang kaklase mo? 4. Nagtatrabaho ang kapatid niya sa probinsiya. 5. Gusto ni Toto ang mga kaopisina niya.

Activity 4 1. (appropriate number) + na ang nanay ko. 2. (appropriate number) + na ang kapatid ko. 3. (appropriate number) + na ang lolo ko. 4. (appropriate number) + na ang pinsan ko. 5. (appropriate number) + na ang kaibigan ko.

Activity 5 1. Oo. Nandito ang titser ko./ Wala. Wala dito ang titser ko. 2. Oo. Nandoon sa bahay natin ang kaibigan mo./ Wala. Wala doon sa bahay natin ang kaibigan mo. 3. Oo. Nandiyan ang tatay ko./ Wala. Wala diyan ang tatay ko. 4. Oo. Nandito ang kapatid ko./ Wala. Wala dito ang kapatid ko. 5. Oo. Nandoon sa eskwelahan ang mga kaklase ko./ Wala. Wala doon sa eskwelahan ang mga kaklase ko.

Activity 6 Nakatira **ako** sa Melbourne... Martha ang pangalan **ng** nanay ko at Greg naman ang pangalan ng tatay **ko**. Ahente ang tatay **ko** at dentista naman **ang** nanay ko. Dalawa ang kapatid **ko**. Mike at Susan ang mga pangalan **nila**. Nag-aaral siya ng accounting **sa** UCLA. Ngayon, nagtatrabaho **siya** sa opisina... Mabait at matalino ang mga kapatid **ko**.

Activity 7 1. Jose Santos lives in Los Angeles, California. 2. No. Jose is not from England. 3. No. Cecilia is not a lawyer. 4. They went to UC Berkeley. 5. In 2020, they will go to the Philippines.

Activity 8 1. Sino ang mga kapatid mo? 2. Sina Mike, Carlos, at Susana ang mga kapatid ko. 3. Kamag-anak mo ba sina Edgardo? 4. Hindi. Hindi ko kamag-anak sina Edgardo. 5. Ilang taon na ang tatay mo? 6. Limampu't lima na ang tatay ko. 7. Nandito ba ang mga pamangkin natin? 8. Wala. Nasa bahay nina Lolo at Lola sila. 9. Ilang taon na ang inaanak mo? 10. Dalawang taon na ang inaanak ko.

Activity 9 1. Gusto ko ng mga + common noun. 2. Ayaw ko ng mga + common noun. 3. Taga + (place) ang pamilya ko. 4. Nakatira ang pamilya ko sa + (place) 5. Nasa + (place) ang nanay ko. 6. Oo. Nasa Pilipinas ang nanay ko./Hindi. Wala sa Pilipinas ang nanay ko. 7. Oo. Taga-Inglatera ang pamilya ko./ Hindi. Hindi taga-Inglatera ang pamilya ko. 8. Oo. Nagtatrabaho ako sa Maynila./ Hindi. Hindi ako nagtatrabaho sa Maynila. 9. Oo. Nag-aaral ako sa Unibersidad ng Pilipinas./ Hindi. Hindi ako nag-aaral sa Unibersidad ng Pilipinas. 10. (appropriate major) + ang medyor ko.

Activity 10 1. bahay ng kapatid ko 2. Nobya ng kaibigan natin 3. Titser ng kapatid niya 4. Kaklase ng kapatid ni Mike. 5. Kotse ng kakuwarto mo 6. Limampu't lima na ang tatay ng kaibigan ko. 7. Nandito ang lola niya. 8. Nandoon ba ang kaibigan niya? 9. Taga-Chicago ang kaibigan ng kapatid ko. 10. Nasa Pilipinas ang kaibigan ng nanay ko.

Lesson 5

Activity 1 1. H 2. A 3. G 4. F 5. B 6. C 7. D 8. I 9. E 10. J

Activity 2 1. P 2. M 3. M 4. P 5. M/P 6. P 7. M 8. M 9. P 10. M/P

Activity 3 1. na 2. X 3. na 4. na 5. -g 6. X 7. -g 8. X 9. X 10. na

Activity 4 1. Masipag na empleyado si Mario. 2. Tahimik ang mga bata sa loob ng klase. 3. Matangkad ang mga lalaki. 4. Malinis ang kuwarto ni Ben. 5. Magalang ang kaibigan ng anak mo.

Activity 5 1. Nakadilaw 2. Nakablusa 3. Nakaputing damit 4. Nakasalamin 5. Nakaitim na sapatos 6. Nakasumbrero 7. Nakakuwintas 8. Nakatsinelas 9. Nakasingsing 10. Nakapulang bestida.

Activity 6 Malaki at maganda[delete -ng] ang bahay nila sa Cabanatuan. Apat ang kwarto at dalawa[delete -ng] ang banyo. Malinis ito at may malaki**ng** kama sa gitna. May malaki**ng** telebisyon at malambot **na** sopa sila. Sa labas ng bahay nila, may malaki**ng** hardin.

Activity 7 1. Taka is 30 years old. He has long, curly hair; pointed nose, and fair skin complexion. 2. Taka likes quiet women and dislikes loud/noisy people. 3. Mary Jane is 18 years old. She has short hair; tall and thin. 4. Mary Jane likes kind and respectful men. She doesn't like short-tempered men.

Activity 8 1. Mapagmahal na mga magulang sina Edison at Shereal. 2. Malilimutin ang kaibigan ko. 3. Si Maria ba ang nakaasul na bestida? 4. Hindi. Nakaberdeng palda si Maria. 5. Sino ang tatay mo? 6. Si Tatay ang nakapulang polo at nakasumbrero. 7. Mahaba ba ang buhok ng kapatid mo? 8. Hindi. Maikli lang ang buhok niya. 9. Nasaan ang magugulong bata? 10. Nasa hardin po ang mga magugulong bata.

Activity 9 1. PANGALAN: Shirley/ KATANGIAN: mabait at mahinhin/ BUHOK: mahaba/ MATA: bilog/ ILONG: matangos/ TAAS: matangkad/ KATAWAN: payat 2. PANGALAN: Brian/ KATANGIAN: magalang at magulo / BUHOK: maikli/ MATA: singkit/ ILONG: pango/ TAAS: mataas/ KATAWAN: malaki ang katawan

Activity 10 1. Nakaberdeng blusa ang nanay ko. 2. Matangos ang ilong ng kapatid ko. 3. Mainitin ang ulo ng tatay ko. 4. Tahimik na bata si Sally. 5. Makapal ang mga kilay niya. 6. Kulot ang buhok niya. 7. Kalbo ang kapatid ng kaibigan ko. 8. Nakapolo ako. 9. Nakasumbrero ba siya? 10. Pogi ang magalang na lalaki.

Lesson 6

Activity 1 1. B 2. D 3. A 4. C 5. H 6. J 7. E 8. F 9. I 10. G

Activity 2 1. X 2. -ng 3. -ng 4. X 5. -ng 6. -ng 7. X 8. X 9. -ng 10. X

Activity 3 1. Mayroon akong bisita sa labas. 2. Wala siyang kotse. 3. May bahay-bakasyunan ako sa Pilipinas. 4. Mayroong loro si Mike. 5. Wala siyang pera.

Activity 4 1. Mayroon bang aso sa bahay mo? 2. May aso ba si Nelson? 3. Wala bang pera ang bata? 4. Mayroon bang bahay sa Cebu ang nanay mo? 5. May pusa ba si Maria?

Activity 5 Mayroon/ Wala/ May/ Mayroon/ Wala

Activity 6 1. (name of father) ang pangalan ng tatay ko./ Ika-(date) ng (month) ang kaarawan ng tatay ko. 2. (name of your friend) ang pangalan ng kaibigan ko./ Ika-(date) ng (month) ang kaarawan ng kaibigan ko. 3. (name of sibling) ang pangalan ng kapatid ko./ Ika-(date) ng (month) ang kaarawan ng kapatid ko. 4. (name of cousin) ang pangalan ng pinsan ko./ Ika-(date) ng (month) ang kaarawan ng pinsan ko.

Activity 7 MAYROON: big bed, 2 pillows, 1 table, books, lamp, big drawer, clothes, collection of hats, cable television/ WALA: radio

Activity 8 1. Kailan ka ipinanganak? 2. Ipinanganak ako noong ika-labindalawa ng Septiyembre. 3. Kailan ipinanganak ang matalik mong kaibigan? 4. Ipinanganak siya noong ika-dalawampu't lima ng Oktubre. 5. Mayroon ka bang mga alaga? 6. Oo. May tatlong aso ako at dalawang isda sa bahay. 7. May pusa ka ba? 8. Wala. Wala akong pusa pero may aso ako. 9. May alaga ba sina Mike? 10. Oo. Mayroon silang dalawang kuneho at isang aso.

Activity 9 1. PANGALAN: Carlitos/ KAARAWAN: ikasiyam ng Marso/ MAYROON: dalawang ibon/ WALA: aso 2. PANGALAN: Cynthia/ KAARAWAN: ikadalawampu't isa ng Enero/ MAYROON: mga aso/ WALA: pagong 3. PANGALAN: Mandy/ KAARAWAN: ikalabing-isa ng Hunyo/ MAYROON: dalawang isda at tatlong kuneho/ WALA: ibon 4. PANGALAN: Gregorio/ KAARAWAN: ikadalawampu't lima ng Oktubre/ MAYROON: bahay-bakasyunan sa Baguio/ WALA: bahay-bakasyunan sa Tagaytay

Activity 10 1. Ipinanganak ang tatay ko noong ikadalawampu't lima ng Marso. 2. Ipinanganak ang kaibigan ni Sheila noong ikadalawa/ ikalawa ng Enero. 3. May dalawang pusa ako. 4. Mayroon silang dalawang aso. 5. Wala akong mga alagang haop. 6. May bahay-bakasyunan daw siya sa Boracay. 7. May dalawang pagong ang kaibigan ko. 8. Mayroon ba siyang tandang? 9. May loro rin ako. 10. Mayroong mabilis na kabayo si Casey.

UNIT 3
Lesson 7

Activity 1 1. E 2. J 3. B 4. A 5. H 6. C 7. D 8. I 9. F 10. G

Activity 2 mag-ipon/ nag-ipon/ nag-iipon/ mag-iipon/ maglagay/ naglagay/ naglalagay/ maglalagay/ mag-almusal/ nag-almusal/ nag-aalmusal/ mag-aalmusal/ magturo/ nagturo/ nagtuturo/ magtuturo

Activity 3 1. ng 2. si 3. tayo 4. si 5. ng 6. nang mga 7. ang 8. ng 9. sina 10. si

Activity 4 Lunes/ Miyerkules/ Huwebes/ Biyernes/ Sabado 1. Magpupunta si Stephen sa bahay ng kaibigan niya sa Linggo. 2. Naglilinis siya ng bahay tuwing Sabado./Maglilinis siya ng bahay sa Sabado. 3. Magbabasa siya ng libro para sa Political Science. 4. Walang plano si Stephen sa Biyernes. 5. Nagsusulat siya tuwing Miyerkules at Sabado./ Magsusulat siya sa Miyerkules at Sabado. 6. Maghahapunan siya kasama si Sheila sa Lunes sa restawran. 7. Nagpapahinga siya tuwing Sabado./ Magpapahinga siya sa Sabado. 8. Mag-aaral siya sa Linggo. 9. Magkakape siya kasama si Mark sa Miyerkules. 10. Mag-aalmusal siya kasama si Jose sa Huwebes.

Activity 5 2. Nag-aalmusal siya nang alas otso ng umaga. 3. Alas onse ng umaga ang klase niya sa Ingles. 4. Pumapasok siya sa klase sa Matematika nang alas nuwebe ng umaga./ Alas nuwebe ng umaga siya pumapasok sa klase sa Matematika. 5. Nagtatanghalian siya sa dorm nang ala una ng hapon./ Ala una ng hapon siya nagtatanghalian sa dorm. 6. Alas dos ng hapon ang klase niya sa Microbiology. 7. Alas sais ng gabi ang miting niya kasama ang mga kaklase. 8. Nagpupunta siya sa gym nang alas otso ng gabi./ Alas otso ng gabi siya nagpupunta sa gym. 9. Umuuwi siya nang alas nuwebe ng gabi./ Alas nuwebe ng gabi siya umuuwi. 10. Natutulog siya nang alas diyes ng gabi./ Alas diyes ng gabi siya natutulog.

Activity 6 **Mag-aalmusal** ako sa Portico./ Magkikita ako at **si JR**./ **Magpupunta** kami sa bahay ni Jhoana./ Maglalaro kami **ng** pusoy dos./ **Maghahapunan** kami./ Magpupunta ako **sa** bahay ko.

Activity 7 1. Nerissa goes to school everyday and studies at home. 2. Jerry goes to work at 7:00 in the morning. 3. Jerry goes home at 5:00 p.m. 4. No. They will meet for dinner. 5. Jerry and Nerissa will meet/see each other on Saturday.

Activity 8 1. Nag-aahit at nagsisipilyo ako tuwing umaga. 2. Nagbasa ng diyaryo ang tatay niya kahapon. 3. Tuwing alas diyes ng umaga, nagkakape ako sa kapeterya. 4. Magsisimba ako at ang pamilya ko sa Linggo. 5. Maglalaba si Lando ng mga damit niya sa Huwebes. 6. Magkikita ba sina Susana at Juan sa Martes? 7. Gumigising ang batang babae nang alas sais ng umaga araw-araw. 8. Maglilinis ba tayo bukas ng umaga? 9. Ano ang ginagawa mo tuwing Lunes ng umaga? 10. Tuwing Lunes ng umaga, pumapasok ako sa eskwelahan hanggang hapon.

Activity 9 Jamie—LUNES: pumapasok sa eskwela/ MARTES: nagtatrabaho sa aklatan/ HUWEBES: naglilinis ng kuwarto at bahay/ BIYERNES: pumapasok sa eskwela/ Editha—MARTES: pumapasok sa eskwela/ MIYERKULES: nagluluto ng mga pagkain/ HUWEBES: naglalaba/ BIYERNES: nagpapahinga

Activity 10 1. Nagbabasa ako ng diyaryo tuwing umaga. 2. Pumapasok ang kaibigan ko sa eskwela nang alas siyete ng umaga. 3. Umuuwi siya nang alas singko. 4. Nagkakape sila araw-araw. 5. Magtatanghalian sina Peter at Maria sa Café Juanita. 6. Naglinis ng bahay si Sally kahapon. 7. Maglalaba ako ng mga damit bukas. 8. Magluluto ng sinigang ang kaibigan ko ngayong gabi/mamayang gabi. 9. Nagkita kami kahapon. 10. Nagtrabaho ako kahapon.

Lesson 8

Activity 1 1. B 2. E 3. C 4. A 5. D 6. F 7. G

Activity 2 **Magpupunta** ako sa gym **sa** Biyernes. Una, **magbubuhat** ako ng mga weights pagkatapos, **magbabasketbol** ako. **Magbabasketbol** ako kasama ang mga kaibigan ko. Pagkatapos, **magsu**-swimming ako. **Magsu**-swimming ako nang isang oras. Pagkatapos, **magpupunta** kami ng mga kaibigan ko sa isang restawran. **Maghahapunan** kami kasama ang mga iba pa naming kaibigan. Ito ang Biyernes ko.

Activity 3 1. Hindi siya maglilinis ng bahay sa Miyerkules. 2. Hindi po nagpunta si Maria sa bahay ninyo. 3. Hindi ba mag-aaral si Mark sa aklatan mamaya? 4. Hindi ako naghahanap ng pagkain sa loob ng rep. 5. Hindi kami mag-uusap mamaya. 6. Hindi nagha-hiking sina Paloma taun-taon. 7. Hindi sila magkakaraoke samakalawa. 8. Hindi siya nagdya-jogging lagi. 9. Hindi sila nagpraktis ng dram kamakalawa. 10. Hindi siya nagkokompyuter araw-araw.

Activity 4 1. ng/si 2. ng/para kay 3. ng/ang 4. sa 5. si 6. ng/kay 7. ang/ para kay 8. ng/ sa 9. ng/si 10. ang mga/ sa

Activity 5 Kaninang umaga/ Araw-araw/ kahapon/ maya't maya/ Mamayang hapon/ Linggu-linggo/ bukas ng umaga

Activity 6 Richard: **Magkikita** kami ng mga kaibigan ko **sa** bayan./ Richard: Magmimiryenda kami sa Jollibee, pag-katapos, **magsisine** kami./ Maria: Mag-aaral **ako** hanggang alas tres. Pagkatapos, magpupunta ako **sa** bahay ng

Activity 7 1. He goes to Bataan, Philippines for vacation every year. 2. They go on vacation during the month of May. 3. They could go see their relatives and friends. 4. They could go to the fiesta and visit Mount Samat; go hiking and biking; visit old churches and go to Subic 5. Grandma tells them stories after dinner.

Activity 8 1. Nagbabakasyon kami sa bahay ng mga lola maya't maya. 2. Naghihintay ako dito ng bus tuwing hapon. 3. Nagbibigay ng mga bulaklak si Mario kay Sally lagi. 4. Magdadala ka ba ng pagkain sa bahay mamayang hapon? 5. Magbabayad ako ng bill sa cable sa isang linggo. 6. Magkakaraoke sina Malou at ang mga kaibigan niya samakalawa. 7. Naghanap ako ng apartment sa downtown kaninang umaga. 8. Nagbeyk ng keyk si Melinda para sa atin kamakalawa. 9. Naghiking sina Kris at Justin sa Olonggapo noong nakaraang dalawang taon. 10. Sino ang naglagay ng mga plato sa mesa?

Activity 9 LORENZO: mag-jogging/ SALLY: magsayaw/ CAROLINA: magkaraoke/ WENDELL: mag-bake/ DENISE: mag-shopping

Activity 10 1. Nanonood kami ng sine linggu-linggo./ Nagsisine kami linggu-linggo. 2. Hindi siya nag-aalmusal tuwing umaga. 3. Magpupunta kami sa Bohol sa isang taon. 4. Nagtuturo sila ng itik-itik sa mga estudyante gabi-gabi. 5. Magbabaon tayo kapag nag-hiking tayo. 6. Magbibisikleta si Sandra bukas ng hapon. 7. Nagdaan sina Michael at Ruel kanina. 8. Nagpapasyal ang mga kaibigan ko sa parke palagi. 9. Magpipiyano si Amelia at magdadram si Sonia samakalawa. 10. Nagdala si Manny ng mga libro sa amin kamakalawa.

Lesson 9

Activity 1 1. D 2. G 3. A 4. C 5. E 6. F 7. B 8. J 9. H 10. I

Activity 2 gumastos/gumastos/ gum-agastos/ gagastos/ humiram/ humiram/ humihiram/ hihiram/ umutang/ umutang/ umuutang/ uutang/ tumingin/ tumingin/ tumitingin/ titingin

Activity 3 1. ang 2. sa kanya 3. ang/ sa 4. ng/ si 5. ako/ para sa

Activity 4 May sale sa Mall of Asia **sa** isang linggo. Pupunta ako **sa** Lunes. **Hahanap** ako ng bagong bestida para sa kaarawan ko **sa** Biyernes. **Bibili** ako ng mahabang asul na bestida na maiksi ang manggas, maluwang ang palda at magaan ang tela. Mura daw ang presyo. Dalawang daan lang ang bayad. **Titingin** din ako ng kuwintas, pulseras, at hikaw. **Gagastos** ako ng walaong daang piso sa Mall of Asia **sa** Lunes.

Activity 5 **Hihiram** daw siya bukas ng isang libong piso para pan-down sa kotse. **Bibili** siya ng murang kotse sa kaibigan niya. **Tumingin** siya noong isang linggo sa internet at **humanap** ng presyo... Hindi siya **gagastos** nang mahal para sa kotse.

Activity 6 A. 430/ 10,800/ 990/ 60,056/ 4,090/ B. 1. apat na raan at tatlumpu 2. siyam na raan at siyamnapu 3. apat na libo siyamnapu 4. sampung libo walong daan 5. animnapung libo at limampu't anim 6. siyamnapung libo pitong daan

Activity 7 1. Janice works as a sales-person. 2. She works at Shoe Mart. 3. It's her mother's birthday next week and she's looking for a gift for her. 4. The Mother of Pearl costs PhP 50,905. 5. Yes. Prices have gone down according to Janice, and she will even give her a discount.

Activity 8 1. Bumili ng bagong damit si Rosario sa Greenhills kahapon. 2. Maikli at masikip ang bestidang ito. 3. Magkano ang bili mo sa damit na ito? 4. Tatlong libo dalawang daan ang damit na ito sa SM. 5. Gumastos ako ng limang libo kahapon. 6. Sino ang humahanap ng asul na polo? 7. Nagbebenta ba kayo ng mga sinturon dito? 8. Oo. Nagbebenta kami ng mga sinturon, pantalon, at mga sapatos dito. 9. Wala akong sukli sa isang libo. Mayroon ka bang barya? 10. Sino ang nagbayad ng damit sa tindero?

Activity 9 Joey: sapatos at pantalon/ Maria: pulseras/ Agnes: relos/ Lorie: bestida/ Marcus: medyas

Activity 10 1. Gumastos ng apat na raang dolyar si Maria kahapon. 2. Bumili sila ng sapatos at salamin/sunglasses/shades. 3. Naghahanap ang kaibigan ko ng usong/ modang sumbrero 4. Pupunta sila sa

Mall of Asia sa Linggo. 5. Umutang ang kapatid ko ng dalawang daang piso kagabi. 6. Bumibili raw sina Marc at Sheila ng mga bagong damit sa Trinoma. 7. Hindi sila nagtitinda/nagbebenta ng mga damit. 8. Hindi bumili ng damit si Sheila para sa akin sa Zara kamakalawa. 9. Sino'ng humiram ng relo ko? 10. Pumupunta ba siya sa mall linggu-linggo?

UNIT 4

Lesson 10

Activity 1 1. E 2. J 3. G 4. I 5. H 6. A 7. D 8. B 9. C 10. F

Activity 2 1. Nasa ibabaw ng mesa ang mga libro. 2. Naglagay ako ng mga halaman sa harap ng bahay. 3. Nag-almusal kami nina Sally sa kapeterya sa likod ng dormitoryo. 4. Nasa ibabaw ng kabinet malapit sa kompyuter ang lampara. 5. Wala. Wala sa loob ng tokador ang kulambo.

Activity 3 1. ba 2. po 3. na 4. din 5. daw

Activity 4 1. Saan nag-almusal si Steven? 2. Ano ang nasa ibabaw ng pulang mesa? 3. Saan may mga malaking kuwadro at litrato? 4. Nasaan ang sira-sirang walis? 5. Nasaan ang modernong bahay nina Gregorio?

Activity 5 2. Wala sa loob ng banyo ang asul na tabo. 3. Wala sa gitna ng mga kabinet ang maliit na kalan. 4. Wala sa labas ng bahay ang puno at mga halaman. 5. Wala sa itaas ng aparador ang mahabang kurtina. 6. Wala sa tapat ng bunggalo ang malaki at mataas na bilding. 7. Wala sa likod ng sira-sirang kubo ang bahay namin. 8. Wala sa tabi ng basurahan ang sirang orasan. 9. Wala sa loob ng aparador ang kobrekama, kulambo, kumot, at unan. 10. Wala sa loob ng bahay ang mababang bangko, sopa, silya, at salamin.

Activity 6 **Nasa** loob **ng** kabinet **ang** kompyuter. **Nasa** ibabaw **ng** kama **ang** kumot, unan, kulambo, at banig.

Activity 7 1. Vita and Azenith are in Vita's home. 2. Vita bought the paintings on the wall in Egypt. 3. Vita's room is big. In her room, she has a beautiful bed cover.

4. Vita's house has three bedrooms. 5. There is only one restroom.

Activity 8 1. Nagpunta sina Patrick at Caloy sa harap ng tindahan kanina. 2. Natutulog ang aso sa ilalim ng sopa tuwing hapon. 3. Sino ang kumuha ng salamin ko sa ibabaw ng mesa? 4. Mayroon bang walis sa loob ng kabinet? 5. Nanay! May mga bisita po tayo sa ibaba. 6. Wala pong tao sa labas ng bahay. 7. Ayaw ko ng mga litrato sa tabi ng telebisyon. 8. Mayroon bang bentilador sa itaas? 9. Nasa gitna ba ng mga bintana ang pabilog na salamin? 10. Makaluma ang bahay sa tapat ng bahay ninyo.

Activity 9 1. Nasa + (place) ang mga libro. 2. Nasa ibabaw ng tokador ang + (noun) 3. Nasa likod ng shopping bag ang + (noun) 4. Nasa ibabaw ng kama ang + (noun) 5. Nasa + (place) ang bintana. 6. Nasa + (place) ang ilaw. 7. Nasa ilalim ng bangko ang + (noun) 8. Nasa tabi ng lampara ang + (noun) 9. Nasa gilid ng kompyuter ang + (noun) 10. Nasa tabi ng plorera ang + (noun)

Activity 10 1. Nasa tabi ng sopa ang halaman. 2. Nasa ibabaw ba ng mesa ang mga libro? 3. Nasa ilalim ba ng kama ang banig? 4. May bentilador sa tabi ng bilog na mesa. 5. May mga litrato sa ibabaw ng kompyuter ko. 6. Wala pong orasan sa loob ng kuwartong ito. 7. Gusto ni Martin ang kurtina sa loob ng kuwarto mo. 8. Ayaw niya ang kakaibang lampara sa gitna ng dalawang halaman. 9. Pupunta ang mga bata sa itaas./ Aakyat ang mga bata. 10. Lumabas ba sila sa kuwarto nila?

Lesson 11

Activity 1 1. E 2. F 3. H 4. I 5. J 6. A 7. B 8. C 9. D 10. G

Activity 2 Taun-taon, nagbabakasyon kami sa Pilipinas. Pumupunta kami doon tuwing tag-init. Umaalis agad kami sa *mainit na mainit*, *mataong-matao*, at *maalikabok na maalikabok* na Maynila. Sumasakay kami ng isang *maliit na maliit* na eroplano papunta sa Bohol. *Magandang-maganda* at *makasaysayang-makasaysayan* ang Bohol. *Sariwang-sariwa* ang hangin at *palakaibigang-palakaibigan* ang mga tao. Nandoon ang

lumang-lumang simbahan ng Baclayon. Doon din nagsandugo (blood compact) ang Espanyol na kongkistador na si Miguel Lopez de Legazpi noong 1565 at si Raha Sikatuna, ang lider ng mga taga isla ng Bohol.

Activity 3 1. Pinakamalinis ang kulay berdeng tubig sa dagat. 2. Pinakasariwa ang hangin sa probinsiya namin sa Batangas. 3. Pinakamataas ba ang Bundok Apo sa Davao? 4. Pinakamakaluma ang mga tao sa bayan ng Calumpit, Bulacan. 5. Pinakamadilim ang loob ng kuweba sa Palawan.

Activity 4 1. makasaysayan 2. ang 3. sa 4. matulungin 5. sa 6. maraming 7. ang 8. mainit 9. ang 10. sa

Activity 5 2. Magkasimputi ang buhangin sa Phuket at Boracay. 3. Magkasinsariwa ang hangin sa Cebu at Bohol 4. Magkasing-init ang panahon sa Pilipinas at Hawaii. 5. Magkasinsikip ang Maynila at Caloocan. 6. Magkasinlinaw ang tubig ng ilog at sapa.

Activity 6 Ricky: … Maganda ang tanawin at **matulungin** ang mga tao./ Ricky: Magsu-swimming kami sa Pagudpod. **Sariwa** ang hangin at **puti** ang buhangin./ Mara: Hindi ba **maulan** doon? **Mainit** pa at **umido**.

Activity 7 1. Her grandmother's garden is her favorite place because here she could find peace of mind. 2. It's spacious; the grass is green and there are many different beautiful plants. 3. There are big red and yellow roses in front of the house and very fragrant white gardenia beside the roses. 4. At the backyard, you can find purple lilac and pink begonia. 5. The grapes are on the trellis near the door.

Activity 8 1. Mas mainit sa Pilipinas kaysa sa Hapon. 2. Magkasinlamig sa Amerika at Awstralya. 3. Napakaganda ng mga dagat sa Pilipinas, Thailand, at Indonesia. 4. Mataong-matao sa Cebu at Palawan tuwing tag-init. 5. Hindi ko gusto ang daan dito. Napakaputik! 6. Mataas na mataas ang alon sa La Union. 7. Magkasingganda ang mga tanawin sa Tagaytay at Baguio. 8. Lumang-luma ang mga bahay sa Vigan. 9. Mas madilim sa kuwarto ko kaysa sa labas ng bahay. 10. Pinakapalakaibigan si Susana sa lahat ng mga estudyante dito.

Activity 9 1. Oo. Maulap ngayon sa labas ng bahay ko./Hindi. Hindi maulap ngayon sa labas ng bahay ko. Hindi. (adjective) ngayon sa labas ng bahay ko. 2. Oo. Maulan dito sa taglagas./ Hindi. Hindi dito maulan sa taglagas./ Hindi. (adjective) dito sa taglagas. 3. Oo. Makasaysayan ang bayan o siyudad ko./ Hindi. Hindi makasaysayan ang bayan o siyudad ko./ Hindi. (adjective) ang bayan o siyudad ko 4. Oo. Napakaganda ng tanawin sa bayan o siyudad ko./ Hindi. Hindi napakaganda ng tanawin sa bayan o siyudad ko./ Hindi. (adjective) ng tanawin sa bayan o siyudad ko. 5. Oo. Mahanging-mahangin sa tabing-dagat dito./ Hindi. Hindi dito mahanging-mahangin sa tabing-dagat./ Hindi. (adjective) sa tabing-dagat dito. 6. Oo. Mainit na mainit dito sa tag-init./ Hindi. Hindi mainit na mainit dito sa tag-init./ Hindi. (adjective) dito sa tag-init. 7. Oo. Pinakamalamig dito tuwing Disyembre./ Hindi. Hindi dito pinakamalamig tuwing Disyembre./ Hindi. (adjective) tuwing Disyembre dito. 8. Oo. Mas tahimik dito sa umaga kaysa sa gabi./ Hindi. Mas tahimik dito sa gabi kaysa sa umaga. 9. Oo. Magkasinsariwa ang hangin dito at ang hangin sa tabing-dagat./ Hindi. Hindi magkasinsariwa ang hangin dito at ang hangin sa tabing-dagat. 10. Oo. Napakaganda ng bayan o siyudad namin./ Hindi. Hindi napakaganda ng bayan o siyudad namin./ Hindi. (adjective) ng bayan o siyudad namin.

Activity 10 1. Malaki ang Hagdan-hagdang Palayan ng Banaue. 2. Malinis na malinis at sariwang-sariwa ang hangin sa probinsiya. 3. May isanlibo dalawang-daang burol sa Bohol. 4. Magkakasinlaki ang mga burol doon. 5. Pinakamaliit na unggoy ang Tarsier sa Pilipinas. 6. Pinakamaliit na siyudad sa Hilagang Mindanao ang Camiguin. 7. Relihiyosong-relihiyoso, palakaibigang-palakaibigan, at matulunging-matulungin ang mga tao. 8. Sa lugar na ito, makikita mo ang pinakamagandang dagat/tabiging-dagat. 9. Makaysayang mga lugar sa Pilipinas ang Bohol at Cebu. 10. Mataas ang mga talon.

Lesson 12

Activity 1 1. E 2. J 3. I 4. A 5. H 6. B 7. C 8. D 9. F 10. G

Activity 2 dumaan/dumaan/dumadaan/ dadaan/ umatras/umatras/umaatras/aatras/ lumipat/lumipat/lumilipat/lilipat/ dumalaw/ dumalaw/dumadalaw/dadalaw

Activity 3 1. si 2. ang 3. ako 4. sa 5. sa

Activity 4 1. Pumunta kayo sa timog. 2. Umatras po kayo. 3. Umakyat ka sa itaas ng bahay. 4. Magbus kayo papunta sa Maynila. 5. Sumunod kayo sa kaniya.

Activity 5 1. mag-eroplano 2. mag-traysikel 3. magbus 4. makinig 5. kumaliwa

Activity 6 Angelo: Oo. **Papasyal** nga kami sa Linggo./ Angelo: **Sasakay** kami ng bus sa istasyon sa Santa Mesa./ Pia: **Magdala** ka ng MP3. Mas mabilis ang biyahe kung **nakikinig** ka sa musika./ Angelo: Oo. Papasyal kami doon. Pero, sana lang **umaraw** naman. **Umambon** kasi kahapon at **umulan** pa nga.

Activity 7 1. Lumipat si Myrna sa Taft Avenue. 2. Maliit, may dalawang kuwarto, pero maganda at malapit sa maraming kainan, pamilihan at sinehan. 3. Sa Sabado nag-iimbita si Myrna kay Celina. 4. Sa Leon Guinto at sa Pedro Gil bababa si Celina. 5. 255 Pedro Gil St. ang numero at asul ang kulay ng apartment ni Myrna.

Activity 8 1. Kumain kayo ng almusal. 2. Dumalaw tayo kay Bob sa ospital. 3. Aambon daw mamayang hapon. 4. Umuulan sa Pilipinas tuwing Hunyo hanggang Setyembre. 5. Manood tayo ng sine at kumain sa labas sa Biyernes. 6. Pumunta ka naman sa bahay namin sa isang linggo. 7. Paano pumunta sa bahay ninyo? 8. Kumaliwa ka sa unang kanto pagkatapos, kumanan ka. 9. Magbus ka pagkatapos bumaba ka sa kalye ng Mabini. 10. Didiretso ba tayo dito o liliko tayo sa kaliwa?

Activity 9 1. Oo. Nagbubus ako papunta sa bahay ko./ Hindi. Hindi ako nagbubus papunta sa bahay ko./ Hindi. (**verb**) ako papunta sa bahay ko. 2. Oo. Sumasakay ako sa tren papunta sa trabaho o eskwelahan ko./ Hindi. Hindi ako sumasakay sa tren papunta sa trabaho o eskwelahan ko./ Hindi. Sumasakay ako sa (**means of transportation**) papunta sa trabaho o eskwelahan ko. 3. Oo. Nagbibisikleta ako papunta sa bahay ng kaibigan ko./ Hindi. Hindi ako nagbibisikleta papunta sa bahay ng kaibigan ko. 4. Oo. Nagmomotorsiklo ako./ Hindi. Hindi ako nagmomotorsiklo. 5. Oo. Pumupunta ako sa pamilihan tuwing Sabado at Linggo./ Hindi. Hindi ako pumupunta sa pamilihan tuwing Sabado at Linggo? 6. Oo. Umuulan dito tuwing Marso./ Hindi. Hindi dito umuulan tuwing Marso. 7. Oo. Bumabaha dito tuwing umuulan./ Hindi. Hindi dito bumabaha tuwing umuulan. 8. Oo. Kumakain ako ng mga Pilipinong pagkain./ Hindi. Hindi ako kumakain ng mga Pilipinong pagkain. 9. Oo. Umiinom ako ng gatas tuwing umaga./ Hindi. Hindi ako umiinom ng gatas tuwing umaga. 10. Oo. Dumadalaw ako sa bahay ng mga kaibigan ko linggu-linggo./ Hindi. Hindi ako dumadalaw sa bahay ng mga kaibigan ko linggu-linggo.

Activity 10 1. Umuulan sa Pilipinas. 2. Aaraw daw mamayang hapon. 3. May bagyo sa Cebu noong isang linggo. 4. Mawalang-galang na po. Paano po pumunta sa istasyon ng tren? 5. Mula sa Buendia, magbus ka papunta sa Sucat, Parañaque. 6. Dumiretso ka at makikita mo ang malaking gusali/bilding ng Shoe Mart sa kaliwa mo. 7. Kumaliwa ka sa 45th pagkatapos, kumanan ka sa Makati Ave. 8. Dumalaw ka sa amin sa isang buwan. 9. Lumipat ako sa isang bagong bahay sa Quezon City. 10. Bumalik tayo sa Palawan sa isang taon.

UNIT 5

Lesson 13

Activity 1 1. G 2. I 3. H 4. J 5. F 6. A 7. B 8. C 9. D 10. E

Activity 2 1. Huwag kang lumabas ng bahay. 2. Huwag kayong kumain ng kendi at matatamis. 3. Huwag kang maglaro ng isports. 4. Huwag kang kumain ng taba ng baboy at baka. 5. Huwag kang uminom ng alak.

Activity 3 1. Bawal kayong kumain ng acidic na pagkain. 2. Bawal tayong magbuhat ng mabibigat na bagay. 3. Bawal kang uminom ng gamot. 4. Bawal kayong kumain ng tsokolate. 5. Bawal kang kumain ng pagkain na mamantika.

Activity 4 1. Huwag kayong kumain ng balat ng lechon. 2. Dapat hong magpahinga si Marko nang isang linggo. 3. Puwede po ba akong kumain ng lugaw? 4. Bawal uminom ang bata ng dyus. 5. Huwag po kayong uminom ng malamig na tubig.

Activity 5 1. puwede 2. Bawal 3. dapat 4. Bawal 5. Huwag.

Activity 6 Siyanga pala anak, huwag kang **uminom** ng alak ah. Masama sa iyo 'yan. Sabi ng doktor, bawal kang uminom ng kahit anong alkohol kahit kaunti. Huwag ka ring **magsigarilyo**. Masamangmasama sa katawan mo 'yan. Dapat lagi kang **mag-aral** at kung may panahon ka, dapat kang **magbasa** lagi. Muntik ko nang makalimutan, kaarawan pala ng pinsan mo sa isang buwan, puwede ka bang **umuwi** dito at magkakaroon kami dito ng handaan?

Activity 7 1. Gustong maglaro ni Justin sa kalsada kasama ng mga kalaro niya. 2. Pitong taon si Justin 3. Sabi ng nanay niya, "Huwag kang maglaro sa kalsada" 4. Nahulog siya sa bisikleta niya. 5. Kailangan niyang magsuot ng cast nang isang buwan.

Activity 8 1. Mataas na mataas ang lagnat mo, magpahinga ka na lang sa bahay. 2. Mabuti para sa iyo kung kakain ka ng lugaw at iinom ka ng dyus. 3. Ano ang sumasakit sa iyo? 4. Ano ang nararamdaman mo? 5. Masakit po ang lalamunan ko at magangmaga rin po ito. 6. Nahihilo pa po ba kayo? 7. Huwag kang kumain ng matatamis na pagkain. 8. Dapat kang uminom ng gamot at magpahinga sa kuwarto mo. 9. Bawal kang maglaro sa labas hanggang mayroon kang sakit. 10. Hindi puwedeng pumasok si Greg ngayon, masakit ang ngipin at ulo niya.

Activity 9 1. Oo. Mabuti ang pakiramdam ko ngayon./ Hindi. Hindi mabuti ang pakiramdam ko ngayon. 2. Oo. May sipon ako ngayon./ Wala. Wala akong sipon ngayon. 3. Oo. Masakit ang ngipin ko ngayon./ Hindi. Hindi masakit ang ngipin ko ngayon. 4. Oo. May ubo ang kaibigan ko ngayon./ Wala. Walang ubo ang kaibigan ko ngayon. 5. Oo. Umiinom ako ng gamot kung may sakit ako./ Hindi. Hindi ako umiinom ng gamot kung may sakit ako. 6. Oo. Bawal pumasok sa eskwelahan o trabaho kung may sakit./ Hindi. Hindi bawal pumasok sa eskwelahan o trabaho kung may sakit. 7. Oo. Dapat uminom ng malamig na sopdrinks kung masakit ang lalamunan./ Hindi. Hindi dapat uminom ng malamig na sopdrinks kung masakit ang lalamunan. 8. Oo. Puwedeng maglaro sa labas kung may hika./ Hindi. Hindi puwedeng maglaro sa labas kung may hika. 9. Oo. Dapat pumunta sa ospital kung may sakit./ Hindi. Hindi dapat pumunta sa ospital kung may sakit. 10. Oo. Puwedeng kumain ng lugaw kung may trangkaso./ Hindi. Hindi puwedeng kumain ng lugaw kung may trangkaso.

Activity 10 1. Bawal kang lumabas. 2. Dapat kang uminom ng gamot mo. 3. Puwede kang uminom ng dyus at tubig. 4. Huwag kang maglaro sa labas. 5. Mas mabuti na ang pakiramdam ni Maria. Puwede na siyang pumasok sa eskwela. 6. Dapat kang magpahinga at huwag kang lumabas. 7. Huwag kang uminom ng sopdrink. 8. Bawal silang kumain ng matatamis. 9. Dapat kang matulog nang alas nuwebe ng gabi. 10. Bawal silang gumawa ng nakakapagod na gawain.

Lesson 14

Activity 1 1. G 2. H 3. J 4. F 5. A 6. B 7. C 8. D 9. I 10. E

Activity 2 magkasipon/ nagkasipon/ nagkakasipon/ magkakasipon/ magkaroon ng sipon/ nagkaroon ng sipon/ nagkakaroon ng sipon/ magkakaroon ng sipon/ magkapasyente/ nagkapasyente/ nagkakapasyente/magkakapasyente/ magkaroon ng pasyente/ nagkaroon ng pasyente/ nagkakaroon ng pasyente/ magkakaroon ng pasyente.

Activity 3 1. Oo. Nagkaroon na ako ng tigdas./ Hindi. Hindi pa ako nagkaroon ng tigdas. 2. Oo. Nagkakasipon ang bata tuwing taglamig./ Hindi. Hindi nagkakasipon ang bata tuwing taglamig.

3. Oo. Nagkatrangkaso ako noong isang taon./ Hindi. Hindi ako nagkatrangkaso noong isang taon. 4. Oo. Nagkakaroon sila ng lagnat tuwing tag-init./ Hindi. Hindi sila nagkakaroon ng lagnat tuwing tag-init. 5. Oo. Nagkabulutong-tubig ako noong bata ako./ Hindi. Hindi ako nagkabulutong tubig noong bata ako.

Activity 4 1. Kailan nagkaroon ng pilay si Bogart? 2. Saan magkakaroon ng libreng bakuna bukas? 3. Kailan nagka-emergency si Dr. Dancel? 4. Sinu-sino ang mga magkakasipon? 5. Saan nagkaroon ng gulo kanina?

Activity 5 1. Natulog si Ben nang alas nuwebe kinse./ Alas nuwebe kinse natulog si Ben. 2. Pumunta siya sa klinka nang alas dose diyes./ Alas dose diyes siya pumunta sa klinika. 3. Umuwi siya sa bahay nang alas kuwatro y medya./ Alas kuwatro y medya siya umuwi sa bahay. 4. Kumain si Benjie nang alas diyes kuwarenta'y singko. 5. Umuwi siya sa bahay noong alas kuwatro y medya.

Activity 6 **Nagkaroon** din ako ng lagnat at sipon noong isang linggo. Siguro dahil sa panahon kaya tayo **nagkakasakit**. Hindi ko alam kung umiinom ka ngayon ng gamot pero **bumili** ako kagabi ng gamot para sa iyo. Puwede kang **uminom** ng mga ito. Siguro, uminom ka ng gamot sa lagnat **nang** alas diyes y medya. Pagkatapos, bumili rin ako ng spray para sa lalamunan mo. Gamitin mo ang spray nang alas **onse kinse**. Pagkatapos, mag-spray ka ulit nang **alas tres**. O sige! Sana bumuti na ang pakiramdam mo pare! Kung kailangan mo ang tulong ko, tumawag o mag-text ka lang sa akin!

Activity 7 1. Ben and others went to the clinic at 10:45 am. 2. They went to the clinic because Ben has a fever and a cold. 3. The doctor said he has the flu. 4. The doctor prescribed him medication for the flu and anti-itch cream for his rash. 5. Ben needs to take a lot of rest and drink a lot of water and juice.

Activity 8 1. Anong oras ka pupunta sa doktor bukas? 2. Pupunta kami sa doktor bukas nang alas dos y medya. 3. Masama pa rin ba ang pakiramdam mo? Kumunsulta ka na sa doktor. 4. Magpapabakuna si David at ang kapatid niya mamayang ala una. 5. Anong oras ka iinom ng gamot mo sa pagtatae? 6. Umiinom ako ng gamot kada anim na oras. 7. Malala pa rin ang sakit ni Mario. 8. Nagkaroon ka na ba ng bulutong-tubig? 9. Hindi pa ako nagkakabulutong-tubig, pero nagkatigdas na ako. 10. Nagkakasipon ako tuwing tagsibol.

Activity 9 1. Kailangan 2. Pamahid sa kati 3. Masakit pa rin ang ulo ko. 4. Oo. Pero hindi ka pa puwedeng lumabas… Mag-playstation na lang tayo. 5. Hindi po ako papasok ngayon. May sakit po ako, Nanay.

Activity 10 1. Nagkasakit ang kaibigan ko nang dalawang beses ngayong buwan. 2. Nagkalagnat si Lza noong isang buwan. 3. Nagkakasipon ang pinsan ko tuwing taglamig. 4. Magkakasakit na naman ang kapatid ko. 5. Sumakit ang ngipin ko kagabi. 6. Iinom ako ng gamot nang alas singko kuwarenta'y singko. 7. Pumunta siya sa ospital nang alas diyes kinse kaninang umaga. 8. Anong oras mo ininom ang gamot mo? 9. Kailan ka pupunta sa klinika? 10. Bumisita si Marco kay Linda sa ospital nang mga alas tres y medya.

Lesson 15

Activity 1 1. E 2. F 3. G 4. J 5. I 6. B 7. D 8. C 9. H 10. A

Activity 2 maaksidente/naaksidente/ na-aaksidente/maaaksidente/ madulas/ nadulas/nadudulas/madudulas/ maipit/naipit/ naiipit/maiipit/ maospital/naospital/naoospital/maoospital

Activity 3 1. Gusto bang pumunta ni Daniel sa albularyo? 2. Kailangan mo bang uminom ng kalamansi dyus o limonada? 3. Ayaw ba niyang magpahinga sa trabaho kahit na may sakit siya? 4. Gusto bang gumamit ng halamang gamot ng pasyente para sa pigsa? 5. Kailangan ba nilang magpakulo ng dahon ng bayabas para sa magang-magang sugat ni Bernie?

Activity 4 1. Ayaw pumunta ng bata sa doktor. 2. Hindi kailangang magpahinga ni Leilani. 3. Ayaw nilang dumalaw kay Georgina sa ospital. 4. Hindi mo kailangang uminom ng gamot. 5. Ayaw pumunta ni Betty sa manghihilot…

Activity 5 1. Nahawa 2. naoospital 3. Nahulog 4. Naipit 5. nahiwa

Activity 6 Nagising **ako** nang alas otso… Habang naliligo ako, nadapa **ako** papunta sa banyo. Pagkatapos, habang naghahanda ako ng almusal ko, nalaglag ko **ang** baso ko at nabasag **ito**. Hindi na ako kumain… habang isinasara ko ang pinto, naipit **ang** kamay ko dito… Pagkatapos, habang nagmamaneho ako, natrapik **ako** sa highway… Habang tumatakbo ako, nadulas **ako** malapit sa pinto ng opisina namin.

Activity 7 1. There are many medicinal plants in the Philippines. 2. Some examples of medicinal plants are bitter melon, garlic, and yellow ginger. 3. Bitter melon is a cure for malaria and inflammation 4. For heart disease, high blood pressure, and to lower cholesterol. 5. Yellow ginger is used for the following ailments: colds, cough, fever, and sore throat.

Activity 8 1. Nakagat ako ng lamok habang naglalaro ako sa labas ng bahay. 2. Nahawa ang bata ng sipon kay Malou. 3. Naipit ang daliri ng bata sa pinto. 4. Nadulas ang batang babae sa kusina kaninang umaga. 5. Ayaw magpahinga ng batang may sakit. 6. Gusto kong uminom ng mainit na tsaa kung may sakit ako. 7. Hindi ako puwedeng maglaro, kailangan ko pang magpahinga. 8. Ayaw niyang dumalaw kay Lita sa ospital. 9. Gusto kong kumain ng tsokolate pero bawal ito sa akin. 10. Kailangan mong magmumog ng maligamgam na tubig na may asin para sa lalamunan mo.

Activity 9 1. E 2. D 3. A 4. B 5. C

Activity 10 1. Naospital si Sheila kahapon dahil sa lagnat. 2. Makating-makati ang braso ko dahil nakagat ako ng lamok kanina. 3. Nahawa siya ng lagnat sa kaibigan niya. 4. Nahulog sa hagdan ang kapatid niyang babae. 5. Nakagat ako ng aso niya kaninang umaga. 6. Gusto kong pumunta sa doktor ngayong hapon. 7. Ayaw niyang inumin ang mga gamot niya. 8. Kailangan mong magpahinga./ Dapat kang magpahinga. 9. Pagkatapos mong uminom ng gamot, magpahinga ka. 10. Ayaw nilang dalawin si Bogart sa ospital.

UNIT 6

Lesson 16

Activity 1 1. I 2. G 3. E 4. A 5. F 6. C 7. B 8. J 9. H 10. D

Activity 2 1. Medyo mahal ang kabute. 2. Medyo malambot na ang langka. 3. Medyo maanghang ang sili. 4. Medyo sariwa ang itlog na nasa rep. 5. Medyo mainit ang gatas.

Activity 3 1. Ang lamig ng mga inumin! 2. Ang sustansiya ng mga gulay! 3. Ang alat ng isda! 4. Ang pait ng ampalaya! 5. Ang tabang ng pakwan!

Activity 4 1. B 2. A 3. A 4. B 5. B

Activity 5 INTENSIFIED ADJECTIVES: matamis na matamis/ sariwang-sariwa/ masarap na masarap/ masayang-masaya/ hinog na hinog/ matamis na matamis
MODERATE EXPRESSIONS: medyo matamis/ medyo sariwa/ medyo masarap/ medyo masaya/medyo hinog/ medyo matamis

Activity 6 1. ~~ng~~ ang 2. ~~matamis-matamis~~ tamis-tamis 3. ~~ang ito~~ nito 4. ~~tigas~~ matigas 5. litro ng sopdrinks

Activity 7 1. Sara bought one kilo of pork, one whole chicken, and two kilos of beef. 2. Yes, the beef was fresh. 3. Sara paid three hundred and ten pesos (P310.00). 4. The seller gave a discount of fifteen pesos.

Activity 8 1. Gusto mo ba ng buko? Malamig-lamig na ito. 2. Ayaw ko ang isda, medyo malansa ito. 3. Medyo sariwa pa rin ba ang mga gulay sa loob ng rep? 4. Ang tamis talaga ng mangga. 5. Kay sarap-sarap ng pagkain. 6. Medyo bulok na po ang mga prutas sa ibabaw ng rep. 7. Maanghang-anghang po ito. 8. Medyo mamantika po ang adobo. 9. Luto na ito! Malambot-lambot na ang mga patatas. 10. Kay sarap-sarap talaga ng mga ito.

Activity 9 1. pinya/ 2/ limampung piso 2. Mangga/ 3 kilo/ 200 3. Pakwan/ 1/ isang daan 4. Saging/ 1 kilo/ 60 5. Kalabasa/ 2/ 80

Activity 10 1. Ang sariwa ng mga prutas! 2. Medyo matamis ang mga mangga. 3. Medyo malamig ang mga sopdrink. 4.

Ang alat nito! 5. Medyo sunog ang mga ito. 6. Ang init nito! 7. Medyo hinog ang mga kamatis. 8. Ang mantika ng pagkain! 9. Medyo matamis ang langka. 10. Ang lambot ng baka!

Lesson 17

Activity 1 1. C 2. E 3. J 4. A 5. D 6. I 7. G 8. F 9. B 10. H

Activity 2 ang/ang/ang/ng/ang

Activity 3 1. pakiabot mo ang... 2. Pakidala mo ang . . . 3. Pakiinom mo na ang . . . 4. Pakikain.. 5. Pakiyaya mo si...

Activity 4 1. Iabot mo naman kay Lisa ang adobo. 2. Isauli mo naman ang kutsilyo kay Mike. 3. Magluto ka naman ng kaldereta. 4. Humingi naman kayo ng tubig sa weyter. 5. Maglinis ka naman ng mesa.

Activity 5 1. Isang baso nga ho ng tubig. 2. Dalawang "combo 1" nga. 3. Tatlong dyus at dalawang sago't gulaman nga. 4. Magluto ka nga ng hapunan mamaya. 5. Bumili ka nga ng pinaupong manok sa Aristocrat.

Activity 6 Isa nga pong ang . . ./Salamat po. . . pakiinit po ninyo ang ito./ . . . pakibigay mo ng ito sa kaniya./I-microwave . . . po ninyo nito ito./Opo, pakilagay po ninyo ng ang maraming sauce . . .

Activity 7 1. Patrick and friends are in a restaurant. 2. Mike ordered kare-kare, two adobo, kaldereta, and a pitcher of San Mig lite. 3. Mike recommended adobo to Sheila. 4. Patrick asked for the menu from Mike. 5. They will go to a dessert place selling ice cream.

Activity 8 1. Dalawang sago't gulaman nga po. 2. Isang kaldereta, dalawang siopao at tatlong halu-halo nga po. 3. Pakiabot mo naman ang adobo sa akin. 4. Pakikuha mo naman ang mga kubiyertos. 5. Pakitawag mo naman ang weyter natin. 6. Bumili ka naman ng goto sa tapat. 7. Magtimpla ka naman ng salabat para sa akin. 8. Isang combo one nga ho! 9. Pakibigay naman ang tsit namin. 10. Magluto ka naman ng pansit at lumpia sa kaarawan ko.

Activity 9 1. 1 coke/ 1 spaghetti 2. 10 fishballs 3. 1 Iced tea/ 1 mango cake 4. 2 orange dyus/ 4 na siopao

Activity 10 1. Pakibigay nga ang tsit sa akin. 2. Pakiabot nga ang adobo. 3. Pakitawag ang weyter. 4. Pakilinis ang mesa namin. 5. Pakiubos ang pagkain mo. 6. Pakiimbita sila. 7. Pakibili ang halo-halo. 8. Isang buko dyus nga. 9. Dalawang sago at gulaman nga. 10. Sampung siopao nga.

Lesson 18

Activity 1 1. D 2. F 3. A 4. B 5. G 6. E 7. I 8. J 9. C 10. H

Activity 2 Bilin/Ibaba/ Inumin/Ibigay/ Ubusin/Isauli/ Yayain/Iabot

Activity 3 1. ang 2. ninyo 3. mo 4. ang 5. Balatan 6. Takpan 7. Isalin 8. ang 9. mo 10. Hiwain

Activity 4 1. Hiwain mo ang manok. 2. Tadtarin mo ang bawang. 3. Idagdag mo ang sabaw sa kaserola. 4. Ihain mo ang pagkain sa mesa. 5. Iprito ninyo ang isda.

Activity 5 1. kainit 2. katamis 3. kalamig 4. kaalat 5. kaasim

Activity 6 Nanay: O sge. Hugasan mo **ang** mga gulay at hiwain mo **ang** mga ito./ Nanay: Pagkatapos, kumuha ka **ng** apat na itlog at batihin **mo**. . ./Nanay: Pagkatapos, kunin mo **ang** mantika at igisa **ang** bawang at sibuyas.

Activity 7 1. Sheila is cooking Bicol Express. 2. Bicol Express is very spicy and has coconut milk. 3. The ingredients are: pork, chili, onion, garlic, coconut milk, oil, salt and fish sauce. 4. Saute garlic and onion; add the pork and a few chilis. Add the coconut milk and the rest of the chilis. 5. The last ingredient that she added was salt

Activity 8 1. Gaano karami ng asukal ang kailangan mo? 2. Gaano kaalat ang bagoong? 3. Gaano po katamis ang mangga? 4. Gaano na kainit ang kawali? 5. Gaano kalamig ang tsamporado? 6. Balatan mo naman ang saging. 7. Hiwain mo nang maliliit ang baboy. 8. Lutuin mo

na ang manok, pagkatapos, initin mo ang goto. 9. Pagkatapos mong gadgarin ang keso, ilagay mo na ito sa spaghetti. 10. Tuyuin mo ang karne, pagkatapos iprito mo na ang mga ito.

Activity 9 1. sinigang: baboy, kamatis, sibuyas, bawang, kangkong, gabi, sampalok, patis at tubig 2. Tinola: manok, papaya, luya, dahon ng sili, tubig, sibuyas, mantika at patis. 3. Halo-halo: kaong, langka, macapuno, garbanzos, saging na saba, ube, yelo, gatas, leche flan, at ice cream.

Activity 10 1. Ilagay ang manok sa kaldero. 2. Gadgarin na ang keso. 3. Hiwain ang karneng baka. 4. Kunin ang patis. 5. Ibabad ang manok ngayong gabi. 6. Ihawin ang mga gulay. 7. Iprito ang isda. 8. Balatan ang saging. 9. Gaano kaanghang ang pagkain? 10. Gaano kainit ang plato?

UNIT 7

Lesson 19

Activity 1 1. C 2. H 3. A 4. G 5. I 6. B 7. J 8. E 9. F 10. D

Activity 2 Inalok/Inayos, Binasa/Dinala, Hinintay/Hiniram, Ibinaon/Ibinigay, Ikinuwento/Sinundo

Activity 3 1. si, sa. 2. ang, sa 3. ni, ang, sa 4. nila, ang, sa akin 5. kayo, ni 6. Niya, ang 7. ko, ang 8. ni/ng, ang

Activity 4 1. Nakakapagod/ Nakakatuwa/ Nakakarelaks Our vacation in the Philippines was tiring/ enjoyable/ relaxing. 2. Nakakamangha The corals in the sea are amazing. 3. Nakakahilo/ Nakakapagod/ Nakakarelaks Our trip to Hong Kong was nauseating/tiring/ relaxing. 4. Nakakatuwa My friend's gift to me from her travel was pleasing. 5. Nakakahilo Our boat ride going to Boracay was nauseating. Or … made me dizzy.

Activity 5 Aling Nena: O sige. Walang problema, ano ba iyon?/Aling Nena: Oo. Pero malayo pa yun dito./Rene: Saan po ako sasakay ng bus?/Rene: Pagkatapos, saan po ako bababa?/Rene: Maraming salamat po, ah.

Activity 6 1. Resepsyonista: . . . Gusto po ba ~~kayo~~ **ninyo** ng . . . / 2. Resepsyonista: Ayos lang po ba ~~ng~~ **ang** non-smoking . . . / 3. Kliyente: Oo. Kailangan ko ng non-smoking ~~ang~~ **na** kuwarto. / 4. Resepsyonista: O sige po, mayroon po ~~ako ng~~ **akong** isang kuwarto . . . / 5 & 6. Kliyente: . . . Anu-ano ng **ang** kasama ~~dito~~ **nito**? / 7. Resepsyonista: Mayroon po kayong libreng buffet ~~ang~~ **na** breakfast. / 8. Resepsyonista: . . . mayroon din po ~~kami ng~~ **kaming** swimming pool . . .

Activity 7 1. They went to Bali. Nicolas was with his friends. 2. They met tourists over there. 3. The hotel staff/workers gave them garlands (of flowers) and drinks. 4. They went to the museum and to a culinary school and learned how to cook traditional Indonesian food.

Activity 8 1. Noong isang taon sumakay kami sa eroplano papunta sa Palawan. Magandang-maganda ang tanawin dito at talagang palakaibigan ang mga tao. 2. Sa isang buwan pupunta ako at ang matalik kong kaibigan sa Hapon at Korea para maglakbay at bisitahin ang mga kaibigan namin. 3. Ikinuwento sa akin ni Bogart na taun-taon, pumupunta siya sa Espanya para sumisid at umakyat ng bundok kasama ang pamilya niya. 4. Sinabi na ba sa iyo ni Marcus na wala siyang pamasahe papunta sa Pransya at saka nawawala rin ang pasaporte niya? 5. Bukas na ang lipad namin papunta sa Timog Korea pero hindi pa handa ang maleta namin at wala pa rin kaming pasalubong para sa mga kaibigan namin doon.

Activity 9 1. PANGALAN: James SAAN: Palawan KASAMA: Sally AKTIBIDAD: mag-snorkling, mag-hiking, mag-parasailing, at magscuba diving 2. PANGALAN: Carla SAAN: Boracay KASAMA: boypren AKTIBIDAD: mag-scuba diving 3. PANGALAN: Eric SAAN: La Union KASAMA: Patrick AKTIBIDAD: mag-surfing 4. PANGALAN: Maricel SAAN: Bangkok KASAMA: Joshua AKTIBIDAD: magluto ng Thai food 5. PANGALAN: Mario SAAN: Japan KASAMA: Misis AKTIBIDAD: magbakasyon

Activity 10 1. Kinain ng kapatid kong lalaki ang pagkain ko kagabi. 2. Binasa niya ang Lonely Planet Travel Guide. 3. Hinintay nila siya nang tatlong oras kagabi. 4. Nagbaon ako ng pagkain sa biyahe natin.

Or Ibinaon ko ang pagkain sa biyahe natin. (grammatically correct but not idiomatic) 5. Inayos niya ang mga libro niya sa mesa. 6. Sinundo kami ng nanay niya sa paliparan/airport noong isang linggo. 7. Sinabi ba niya sa iyo? / Ikinuwento ba niya sa iyo? 8. Tinanggap mo ba ang pasalubong ko? (grammatically correct but not idiomatic) / Nakuha mo ba ang pasalubong ko?/ Natanggap mo ba ang pasalubong ko? 9. Hinanap ko kagabi. 10. Hiniram ng kaibigan ko ang maleta ko.

Lesson 20

Activity 1 1. D 2. H 3. F 4. A 5. G 6. B 7. J 8. C 9. E 10. I

Activity 2 Binuhat/Binubuhat, Ginawa/Ginagawa, Sinayaw/Sinasayaw, Initsa/Iniiitsa, Ibinalita/Ibinabalita, Ipinagdiwang/Ipinagdiriwang

Activity 3 Dinadala ni Tony ang baon sa biyahe niya papunta sa Tokyo. / Kinakanta ng mga estudyante ang Pambansang Awit tuwing umaga. / Tinutugtog ni Sally ang piyano sa "Watering Hole" tuwing Sabado. / Ipinagdiriwang ng mga tao ang Moriones sa Marinduque taun-taon. Or . . . ng mga tao sa Marinduque ang Moriones taun-taon. / Ginagawa ko ang takdang-aralin tuwing gabi.

Activity 4 1. Tuwing ikalabindalawa ng Hunyo ang Araw ng Kalayaan sa Pilipinas. 2. Tuwing ika(date) ng (month) ang kaarawan ko. 3. Sa ika(date) ng Mayo ang Araw ng mga Ina sa taong ito. 4. Tuwing unang Lunes ng Setyembre ang Araw ng mga Manggagawa sa Amerika. 5. Tuwing ikadalawampu't lima ng Disyembre ang araw ng Pasko.

Activity 5 1. bumunggo What hit him/her? 2. kinakanta What is he/she singing? 3. pumatak What stained (literally, dropped, i.e. fall in drops) your clothes? 4. nagpoprotekta According to someone (them) what protects them? 5. pinili What flight did you choose going to Japan?

Activity 6 1. Tobi: . . . mo ~~sa~~ **noong** isang linggo? 2. Jayson: Pumunta ~~ko~~ **ako** sa Bulacan . . . / 3. Tobi: . . . ginagawa ~~ang~~ **ng** mga tao . . . / 4. Jayson: Ipinaparada ~~ang~~ **ng** mga tao . . . / 5. Jayson: . . . Nagbibigay ~~ni~~

ng kuwento . . . / 6 Jayson: . . . ang nangyari ~~sa~~ **kay** Hesus. 7. Jayson: . . . Taun-taon nanonood ~~ko~~ **ako** ng paradang ito.

Activity 7 1. The parade of Roast Pig is held at Balayan, Batangas every 24th of June. 2. The roast pigs or lechon are dressed in colorful clothes, glasses, raincoat and other decorations. 3. The people douse the lechon, people carrying the lechon, and other spectators with water. Sometimes, people also filch the crispy skin of the lechon. 4. Owners of the lechon put barbed wire around the lechon. 5. After the parade, the lechons are brought to the owners' houses.

Activity 8 1. Tuwing araw ng mga Ina, binibili ko ang pinakamagandang bulaklak para sa nanay ko at binibisita ko rin siya sa bahay nila. 2. Naniniwala ang mga Pilipino na kung tatalon ka nang alas dose ng gabi sa araw ng Bagong Taon, may pag-asa na tumangkad ka. 3. Ipinagdiriwang ang Araw ng mga Puso tuwing a-katorse ng Pebrero at sa araw na ito, maraming tao ang lumalabas para manood ng sine at kumain sa masasarap na restawran. 4. Sa darating na Biyernes Santo, pupunta sina Sally at Ariel sa Baliwag para manood ng prusisyon. Sa prusisyon, inaalaala ang buhay ni Hesu Kristo. 5. Pasko ang pinakapaboritong pista ng mga bata. Sa araw na ito, gumigising sila nang maaga para magbukas ng mga regalo at pumunta sa mga kamag-anak nila para magmano.

Activity 9 1. PISTA: Araw ng mga Patay PETSA: November 1st GAWAIN: pumupunta ang mga Pilipino sa mga sementeryo para bisitahin ang mga kamag-anak o mga kaibigan nila na namatay na. Nag-aalay sila ng mga bulaklak at pagkain, at nagdarasal din sila para sa namatay na mga mahal sa buhay 2. PISTA: Flores de Mayo PETSA: Mayo GAWAIN: nagkakaroon ng mga parada na tinatawag na Santa Cruzan. 3. PISTA: Bisperas ng Pasko PETSA: December 24th GAWAIN: nagsisimba ang mga tao at nagsasama-sama ang mga pamilya at ang mga magkakaibigan. 4. PISTA: Itim na Nazareno PETSA: January 9th GAWAIN: pumupunta ang mga tao sa simabahan ng Quiapo para makita ang itim na rebulto ni Hesu Kristo

Activity 10 1. Ano ang ginagawa nila? 2. Ano ang kinakanta ni Kristine? 3. Ano ang ipinagdiriwang nila sa Cebu? 4. Anong nangyayari? 5. Ipinagdiriwang nila ang Araw ng Kalayaan ng Pilipinas sa ikalabindalawa ng Hunyo. 6. Ipinag-diriwang ng mga tao ang Araw ng Pasko sa ikadalawampu't lima (a-bente singko) ng Disyembre. 7. Kailan ang kaarawan mo? 8. Ikadalawampu't lima (a-bente singko) ng Oktubre ang kaarawan ng kaibigan ko. 9. Kailan ka pumunta ng Italya? 10. Nagpunta/Pumunta ako sa Italya noong ikadalawampu't lima (a-bente singko) ng Hunyo.

Lesson 21

Activity 1 1. J 2. D 3. B 4. A 5. I 6. F 7. H 8. G 9. C 10. E

Activity 2 kain/kainin/kinain/kinakain/ kakainin/ bisita/bisitahin/binisita/binibi-sita/bibisitahin/ isip/isipin/inisip/iniisip/ iisipin/ uwi/iuwi/iniuwi/iniuuwi/iuuwi/ tinda/itinda/itininda/itinitinda/ititinda

Activity 3 1. Itinitinda 2. Itinuro 3. Ibabalik 4. Kumbidahin 5. Bibisitahin 6. Dinalaw 7. Bilangin 8. Kokontakin 9. Kakausapin 10. Iisipin

Activity 4 1. Ititinda ni Maria ang mga damit ngayong tag-init. 2. Iuuwi nila ang mga pasalubong para sa atin. 3. Ta-tanggapin ko ang tseke mula sa bangko ko. 4. Babasahin ko ang libro mamayang gabi. 5. Dadalhin namin ang mga pagkain sa bahay ni Maria.

Activity 5 1. binati Who did you greet a while ago? 2. bibisita Who will visit you later? 3. magtuturo Who will teach us Tagalog? 4. kumausap Who talked/spoke to you yesterday? 5. kumain Who ate the cake in the refrigerator?

Activity 6 1. Matt: . . . ng pamilya ko ~~noong~~ **sa** Palawan. 2. Matt: . . . sasama rin ~~ang si~~ Sarah . . . / 3. Matt: . . . Sa unang araw, ~~binisita~~ **bibisitahin** namin . . . / 4. Matt: . . . pagkatapos, sasakay ~~namin~~ **kami** sa bapor . . . 5. Matt: . . . sinabi ~~ang~~ **ng** nanay / 6. Matt: . . . at ~~yayain~~ **yayayain** namin sila . . . / 7. Eric: . . . Iisipin ~~ako~~ **ko** ito . . . 8. Eric: . . . tatanungin ~~ako~~ **ko**

si nanay . . . 9. Matt: . . . para puwede na tayong ~~nagplane~~ **magplano**.

Activity 7 1. One can see cannons used during the war and ghosts at night. 2. Nancy is scared to go to Corregidor because of the ghosts. 3. It takes one hour and fifteen minutes by boat to Corregidor. 4. Nancy and Karla are going to Vigan for vacation. 5. In Vigan, one can see old houses that were built during the Spanish times (Spanish colonization).

Activity 8 1. Noong isang taon, pumunta sina Tim at ang nobya niya sa Boracay. Mula sa Maynila, sumakay sila ng eroplano papunta sa Cebu, pagkatapos, nagbangka sila papunta sa isla ng Boracay. 2. Isa sa mga pinakasikat na destinasyon sa Pilipinas tuwing tag-init ang Baguio. Malamig-lamig sa lugar na ito at maraming mga aktibidad na puwedeng gawin at mga tanawin na puwedeng makita. 3. Bicol ang isa sa pinakapaborito kong lugar sa Pilipinas. Noong pumunta ako sa lugar na ito, umakyat kami ng mga kaibigan ko sa bulkan ng Mayon at pagkatapos pumunta kami sa hot spring para maligo. 4. Isa sa mga pinakamalinis na lugar sa Pilipinas ang Subic. Sa lugar na ito, maraming mga dagat na puwedeng puntahan. Magandang-maganda ang tanawin at dagat dito. 5. Tuwing umuuwi ako sa bahay ng mga magulang ko sa Bulacan, pumupunta ako sa Pangasinan para kumain ng masasarap na pagkain. Dito, nagluluto ang mga tao ng mga tradisyunal na Pilipinong pagkain at ito ang lugar na sikat sa pagkain.

Activity 9 PAGKAIN Camiguin: Lanzones Pateros: Penoy at Balot Malolos: En-saymada/ PAMILIHAN Malls sa Metro Manila, Baclaran, Green Hills at Divisoria/ BILIHIN Sulu: perlas Marikina: world class shoes Bicolandia: abaca bags

Activity 10 1. Bibisitahin ko at ng mga kaibigan ko si Esteban sa isang linggo./ Bibisitahin namin ng mga kaibigan ko si Esteban sa isang linggo. 2. Iimbitahin nila kami sa kanilang parti/salu-salo sa Sabado./ Iimbitahan nila kami sa parti nila . . . 3. Kokontakin ka nila sa isang linggo./ . . . sa susunod na linggo. 4. Susunduin niya tayo ngayong gabi. 5. Isasauli ng kaibigan ko ang mga libro mo sa Biyernes. 6. Sinong bibisitahin nila bukas? 7. Sinong bibisita sa

iyo sa isang linggo? 8. Sinong magtuturo sa kanya ng Tagalog? 9. Sinong magdadala ng pagkain? 10. Sinong susunduin mo ngayong gabi?

UNIT 8

Lesson 22

Activity 1 1. D 2. G 3. A 4. I 5. H 6. B 7. J 8. E 9. F 10. C

Activity 2 asa/asahan/inasahan/inaasahan/ aasahan/ bigay/bigyan/binigyan/binibigyan/ bibigyan/ dala/dalahan/dalhan/dinalhan/dina-dalhan/dadalhan

Three Verb Focuses
magturo/tumuro/ituro/turuan/nagturo/tu-muro/itinuro/tinuruan/nagtuturo/tumuturo/ itinuturo/tinuturuan/magtuturo/tuturo/itu-turo/tuturuan/kumuha/kumuha/kumukuha/ kukuha/kunin/kinuha/kinukuha/kukunin/ kunan/kinunan/kinukunan/kukunan

Activity 3 1. kay Margie 2. sa tindero 3. sa akin 4. ang kapatid niya 5. ang mga kaibigan ko 6. kay Maria 7. siya 8. kay Bob 9. sa akin 10. ang anak niya

Activity 4 1. pumunta. 2. Isinama. 3. Umalis. 4. dumating 5. huminto 6. guma-mit 7. bumili 8. dumating 9. lumangoy 10. umakyat 11. lumakad 12. kumain 13. humuli 14. niluto 15. tawagan

Activity 5 1. Nagbigay ako ng mga tsokolate kina Mike./ Binigyan ko ng mga tsokolate sina Mike./ Ibinigay ko ang mga tsokolate kina Mike. 2. Hiniraman niya si Myrna ng mga libro kahapon./ Humiram siya kay Myrna ng mga libro kahapon./ Hiniram niya kay Myrna ang mga libro kahapon. 3. Kailan mo ako tuturuan ng Tagalog?/ Kailan mo ituturo ang Tagalog sa akin?/ Kailan ka magtuturo ng Tagalog sa akin? 4. Magdadala ka ba ng mga pagkain sa eskwelahan bukas?/ Dadalhin mo ba ang mga pagkain sa eskwelahan bukas?/ Dadalhan mo ba ng mga pagkain ang eskuwelahan bukas? 5. Binibili ko ang mga damit na ito kay Greg./ Bumibili ako ng mga damit na ito kay Greg./ Binibilhan ko ng mga damit na ito si Greg.

Activity 6 1. . . . Pagkatapos, pumasok ~~ng~~ **ang** isang lalaki. / 2, 3. . . . Nagsabi ~~niya~~ **siya** na ayaw ~~siya~~ **niya** ng pangkaraniwang gupit. Or ~~Nagsabi~~ **Sinabi** niya . . . / 4. . . . Gusto raw ~~siya~~ **niya** ng bagong istilo. / 5. Sinabi niya sa akin na ~~ginugupit~~ **gupitin** ko raw . . / 6. . . . ~~kumuha~~ **kinuha** ko ang gunting . . . / 7. . . . ~~Tingin~~ **Tumingin** siya sa salamin . . . / 8. . . . Pagkatapos nito, ~~nagbigay~~ **binigyan** niya ako . . . / 9. . . . sinabi ~~siyang~~ **niyang** . . .

Activity 7 Examples of sentences for storyboard: 1. Noong unang panahon, may isang batang mabait, masipag at matiisin. Pina ang pangalan niya. Wala na siyang nanay at si Martha, ang kanyang tita na tamad at masungit ang nag-aalaga sa kaniya. 2. Isang araw, nagkasakit si Pina at lumabo ang kanyang mata. Hindi siya ipinagamot ng kanyang Tita Martha. 3. Isang araw, habang nakikipaglaro si Pina, tinawag siya ni Martha para maghugas ng mga plato. Nakabasag ng mga plato si Pina. 4. Galit na galit si Martha at sinabi niyang: "Sana magkaroon ka ng maraming mata para makita mo ang lahat." 5. Pinalo nang pinalo siya ni Martha at nang hindi na siya makatiis, pumunta siya sa gubat. 6. Nawala si Pina nang matagal at nang hindi makatiis si Martha, hinanap niya si Pina pero hindi nila nakita. 7. Isang umaga, may nakita silang halaman sa harap ng bahay ni Martha. Nagbunga ang halaman ng isang prutas na puno ng mga mata at naalala nila si Pina. 8. May salbaheng bata na humawak sa halaman at natusok siya ng tinik sa dulo ng dahon. Naalala nila ang pang-aapi nila kay Pina. Mula noon, tinawag nila ang prutas na pinya.

Activity 8 1. Lolo! Kuwentuhan naman po ninyo ako ng alamat tungkol sa pinagmulan ng mangga. Sinabi po kasi sa akin ni Lola na alam daw po ninyo ang kuwento nito. 2. "May matandang kwento tungkol diyan, David. O sige, palitan mo muna ng tubig ang inumin ng mga manok at ikukuwento ko sa iyo pagkatapos." 3. Noong unang panahon, mayroong isang diwata na naninirahan sa itutok ng bundok. Sinasabi ng maraming tao na Maria ang pangalan niya. 4. Si Carlo ay nag-iisang anak nina Aling Maria at Mang Kardo. Si Carlo ay matalungin, masipag at mabait. Isang araw, may isang matandang pulubi ang humingi ng tulong sa kaniya. 5. Mula

noon tuwing makikita ng mga tao ang halaman at ang prutas nitong hugis ulo na maraming mata ay tinatawag nila itong si Pina. Nang nagtagal ay naging Pinya na lamang ang naging tawag nila dito.

Activity 9 1. Juan at Maria ang mga pangalan ng higante. 2. Mahigit na dalawang daang talampakan ang taas nila. 3. Nakakita sila ng mga nagkikislapang mga perlas. 4. Nag-away sila kasi gusto nilang magmay-ari ng mga perlas. 5. Nagliparan sa iba't-ibang lugar ang mga piraso ng lupa at ang mga malalaking piraso ay naging Luzon, Visayas, at Mindanao.

Activity 10 To give: Bigay / 1. IDO/ Binigyan ni Mike si Sandra ng mga bulaklak kagabi. Or AF/ Nagbigay si Mike kay Sandra ng mga bulaklak kagabi. 2. AF/Sino ang nagbigay sa kaniya ng mga bulaklak? 3. OF Kanino ibinigay ni Mike ang mga bulaklak? 4. IDO/ Biniyan ba siya ni Mike ng mga bulaklak? 5. OF/Ano ang ibinigay ni Mike sa kanya? To buy: Bili 1. AF/Bibili si Jared ng mga damit para sa akin. 2. AF/Sinong bumili ng damit para sa iyo? 3. OF/Anong bibilhin ko para kay Jared? 4. EF (Experiencer Focus)/Ayaw kong/ Ayokong bilhin ito para sa kaniya. 5. OF/ Saan mo bibilhin (iyon)?

Lesson 23

Activity 1 1. G 2. C 3. F 4. I 5. B 6. A 7. D 8. J 9. H 10. E

Activity 2 magpakuha/nagpakuha/nagpapakuha/magpapakuha/magpalinis/nagpalinis/nagpapalinis/magpapalinis/magpatulong/nagpatulong/nagpapatulong/magpapatulong/ magpainom/nagpainom/nagpapainom/magpapainom/ magpaalis/nagpaalis/nagpapaalis/magpapaalis

Activity 3 Here are ten examples of sentences using the affix **magpa-** on five different things that you can have someone do to straighten up your bedroom. 1. Magpapalinis ako ng kuwarto. 2. Magpapatiklop ako ng mga damit. 3. Magpapaayos ako ng kama. 5. Magpapavacuum ako ng kuwarto. 6. Magpapatapon ako ng basura. 7. Magpapaalis ako ng alikabok (dust) sa ibabaw ng mesa. 8. Magpapalampaso (mop) ako ng sahig. 9.

Magpapalagay ako ng mga damit sa loob ng tokador (drower). 10. Magpapahanger ako ng mga damit sa kabinet.

Activity 4 Examples of sentences using the affix **magpa-**. 1. Magpapakuha ako ng sopdrink sa kakuwarto ko. 2. Magpapagupit ako sa kaibigan ko. 3. Magpapabili ako ng libro sa kaklase ko. 4. Magpapasundo ako sa kapatid ko. 5. Magpapatulong ako sa mga magulang ko sa takdang-aralin ko. 6. Magpapatingin (see) ako sa doktor. 7. Magpapakuha ako ng presyon ng dugo sa nars. 8. Magpaluto ako ng kare-kare sa kusinera. 9. Magpapabunot/Magpaparoot canal ako ng ngipin sa dentista. 10. Magpapagawa ako ng apidabit sa abogado.

Activity 5 Examples of completed sentences introduce by **Pagka-** + root word: 1. Pagkakain namin ng mga kaibigan ko, manonood kami ng sine. 2. Pagkagising ko, nagpunta ako sa gym para mag-ehersisyo. 3. Pagkalinis ni Maria ng kuwarto niya, naligo siya. 4. Pagkagradweyt niya sa Hunyo, magbabakasyon siya sa Europa. 5. Pagkadating ng kaibigan ko mula sa bakasyon niya, pumasok siya sa opisina kaagad. 6. Pagpunta namin sa restawrang Pilipino, binili niya ang paborito kong pagkain. 7. Pagkasayaw ni Marcus, umalis siya sa parti. 8. Pagkagaling mo sa doktor, hihiramin ko ang kotse mo. 9. Pagkaligo ng bata, pakainin mo na siya. 10. Pagkadating niya sa bahay, bibigyan ko siya ng mga bulaklak.

Activity 6 Sheila: . . . Magpapahatid daw ~~niya~~ **siya** sa kapatid niya . . . / ~~pagkaumuwi~~ **pagkauwi** niya galing sa eskwelahan. . . . / Mayra: . . . pagkasulat ~~ako ko~~ ng essay ko . . ./ Theron: . . . Nagpahiram na ~~ko~~ **ako** sa kakuwarto . . . / Theron: . . . ~~Pagkaumalis~~ **Pagkaalis** niya sa trabaho . . ./Tobi: Puwede ba akong ~~magpapatulong~~ **magpatulong** sa trabaho ko? /Jay: O sige, pagkakain ~~ako ko~~ ng hapunan . . .

Activity 7 1. Raffy and Andrew are the siblings. 2. The brothers dream of going to Canada to live and work there. 3. Andrew went to Dubai after graduating from college. 4. Andrew met Faye in Dubai. 5. Raffy was jealous of Andrew because he always sees Faye with Andrew.

Activity 8 1. Medyo nakakalungkot ang sineng ito. Sa simula, makikita natin na nangangarap ang mga pangunahing tauhan na makapunta sa ibang bansa para mag-trabaho. 2. Hindi ko gusto ang sineng ito kasi nakakalito ito at nakakainis ang kontrabida. 3. Nagpabili ako ng bagong DVD sa pinsan ko kanina. Sinabi ko sa kaniya na gusto ko ang sineng bakbakan 4. Magpapasama ako sa kaibigan ko sa SM Megamall mamaya para manood ng sine. Siguro aalis kami nang mga alas singko ng hapon. 5. Pagkanood namin ng sine kahapon, bigla na lang tumawag sa amin ang kaibigan namin na si Maricel at nagpasundo siya sa amin sa bahay nila.

Activity 9 1. Milan ang pamagat ng sine. 2. Sina Lino at Jenny ang mga tauhan sa sine. 3. Naganap ang sine sa Milan. 4. Hinahanap ni Lino ang asawa niya at nakita niya si Jenny sa Milan. Tinulungan ni Jenny si Lino na hanapin ang asawa niya at sa huli, nahulog ang loob nila sa isa't-isa.

Activity 10 1. Magpapalaba siya ng mga damit kay Stephanie. 2. Nagpabili si Mike ng motorsiklo sa tatay niya. 3. Magpakuha ka ng pagkain sa kanya sa pridyeder./ Magpakuha ka sa kanya ng pagkain sa pridyeder. 4. Nagpapinta sila sa kanya ng kusina noong Sabado. 5. Nagpapakain siya ng beybi/sanggol. 6. Pagkatapos kong basahin ang *America is in the Heart* ibibigay ko sa iyo. 7. Pagkatapos niyang magluto, tatawagan niya ang nanay niya. 8. Pagkatapos nilang kumain, pumunta sila sa laybrari/aklatan. 9. Pagkatapos niyang bumili ng pagkain, pumunta siya sa bahay ko para magluto ng hapunan. 10. Pagkatapos magtrabaho ng kaibigan ko, pupunta kami sa downtown para manood ng sine.

Lesson 24

Activity 1 1. D 2. H 3. J 4. B 5. F 6. G 7. A 8. I 9. E 10. C

Activity 2 makakain/nakakain/nakaka-kain/makakakain/ makabisita/nakabisita/nakakabisita/makakabisita/ makaisip/maka-pagisip/nakaisip/nakapagisip/nakakaisip/nakakapag-isip/makakaisip/ makauwi/maka-pag-uwi/nakauwi/nakapag-uwi/naka-

kauwi/ nakakapag-uwi/makakauwi/ maka-kapag-uwi/ makapagtinda/nakapagtinda/nakakapagtinda/makakapagtinda

Activity 3 1. ako, noong 2. si, ng 3. kayo, sa 4. ng, ang 5. si 6. kayo 7. ako 8. ka, sa 9. sina, ng 10. sila, sa atin

Activity 4 Examples of sentences that you can do at certain ages: 1. Noong limang taon nakakabasa na ako. 2. Noong sampung taon nakakasulat na ako ng maikling essay (sanaysay). 3. Noong labindalawang taon nakakapaglaro na ako ng chess. 4. Noong labing-anim na taon nakakapagmaneho na ako. 5. Ngayon nakakapagsalita ako ng tatlong wika (language). 6. Kapag animnapung taon makakapag-retiro na ako sa trabaho at pagkatapos makakapaglakbay na ako sa magagandang lugar na hindi ko pa napupuntahan.

Activity 5 Makapagtitinda/ Makaka-pagtinda si Maria ng mga damit ngayong tag-init./Makakapag-uwi/ Makapag-uuwi sila ng mga pasalubong para sa atin./ Makakatanggap/Makatatanggap ako ng tseke mula sa bangko ko./Makakabasa/Makakapagbasa ako ng libro mamayang gabi./Makakabili/Makabibili kami ng mga pagkain sa restawran ni Maria.

Activity 6 Create your own version of the song "Pers Lab" by Hotdogs.

Activity 7 1. In the first stanza, the parents were happy because a child was born to them. 2. To show their love, the mother and father watched the child sleep. The mother lost sleep to mix his formula (milk) at night; and in the morning, the father held him on his lap. 3. No, the parents did not approve of their child being independent. This may mean, not listening to the parents' advice or wise counsel. 4. He did not listen to his parents' advice because he wanted to be independent and do as he pleased. Perhaps, he had bad company who influenced him. Perhaps, he just wanted to be able to make his own decisions. 5. According to the song, the child lost his way (deviated from the straight and narrow path) and became addicted to a destructive vice. In the end, he went back to his mother, was repentant and realized that he did wrong.

Activity 8 1. Makakapunta ba kayo sa bahay namin bukas? Magkakaroon kasi kami ng handaan at gusto namin kayong imbitahin. 2. Sinabi sa akin ni Mario na hindi siya makakasama sa atin sa Boracay ngayong tag-init kasi kailangan niyang magtrabaho sa negosyo ng tatay niya. 3. Balita ko nagkaroon daw ng sakit si Martha. Makakadalaw ba kayo sa kaniya sa isang linggo? 4. Masyado akong naging bisi sa eskwelahan noong isang linggo at hindi ako nakapaglinis ng kuwarto ko kaya maruming-marumi na ito. 5. Gutom na gutom na kami. Makakapagluto ka ba ng hapunan ngayong gabi para sa amin?

Activity 9 1. Anong bagay ang hindi napapansin ng kaniyang giliw? His beloved does not notice his new t-shirt. 2. Ilang oras nang nagpapa-cute ang manganganta sa kaniyang giliw? He has been trying to catch her attention for three hours. 3. Kung hindi ipagkakait ng giliw ng manganganta ang kaniyang pag-ibig, ano ang gagawin niya para sa kaniya? If she would love the singer back, he would love her morning, noon and night and that they would have a blissful and peaceful life. 4. Ano ang pangako ng manganganta sa kaniyang giliw? He promised that he would respect her. 5. Ano ang palagay mo sa kanta at bakit? State your own opinion about the song and explain your answer.

Activity 10 1. Nakakalangoy na ang kaibigan ko noong limang taon siya. 2. Nakakuha sila ng mga tiket para sa konsiyerto. 3. Walang tao sa apartment ko kahapon, at natapos ko ang librong binabasa ko. /. . . nakatapos ako ng librong binabasa ko. 4. Hindi siya nakarating kagabi dahil kailangan niyang magtrabaho. 5. Tumira ang kakuwarto ko sa Taiwan, Hapon, at Estados Unidos/Amerika at nakakapagsalita siya ng apat na wika./ 6. Nakakapagluto nang masarap si Po./ Napakagaling magluto ni Po. Kusinero siya sa isang restawrang Hapon. 7. Nang pumasok kami sa apartment, nakaamoy kami ng gas./ . . . naamoy namin ang gas. 8. Napakabisi nila./ Bising-bisi sila. Hindi sila nakapag-text sa akin. 9. Nakapasa si Sheila sa eksamen sa pagmamaneho; ngayon nakakapagdrayb/nakakapagmaneho na siya ng kotse. 10. Sinong makakasundo/makakapagsundo bukas ng gabi?

Audio Online Track List

01-3	Unit 1 Lesson 1: Activity 8	09-3	Unit 3 Lesson 9: Activity 8	17-3	Unit 6 Lesson 17: Activity 8
01-4	Unit 1 Lesson 1: Activity 9	09-4	Unit 3 Lesson 9: Activity 9	17-4	Unit 6 Lesson 17: Activity 9
02-3	Unit 1 Lesson 2: Activity 8	10-3	Unit 4 Lesson 10: Activity 8	18-3	Unit 6 Lesson 18: Activity 8
02-4	Unit 1 Lesson 2: Activity 9	10-4	Unit 4 Lesson 10: Activity 9	18-4	Unit 6 Lesson 18: Activity 9
03-3	Unit 1 Lesson 3: Activity 8	11-3	Unit 4 Lesson 11: Activity 8	19-3	Unit 7 Lesson 19: Activity 8
03-4	Unit 1 Lesson 3: Activity 9	11-4	Unit 4 Lesson 11: Activity 9	19-4	Unit 7 Lesson 19: Activity 9
04-3	Unit 2 Lesson 4: Activity 8	12-3	Unit 4 Lesson 12: Activity 8	20-3	Unit 7 Lesson 20: Activity 8
04-4	Unit 2 Lesson 4: Activity 9	12-4	Unit 4 Lesson 12: Activity 9	20-4	Unit 7 Lesson 20: Activity 9
05-3	Unit 2 Lesson 5: Activity 8	13-3	Unit 5 Lesson 13: Activity 8	21-3	Unit 7 Lesson 21: Activity 8
05-4	Unit 2 Lesson 5: Activity 9	13-4	Unit 5 Lesson 13: Activity 9	22-3	Unit 8 Lesson 22: Activity 8
06-3	Unit 2 Lesson 6: Activity 8	14-3	Unit 5 Lesson 14: Activity 8	22-4	Unit 8 Lesson 22: Activity 9
06-4	Unit 2 Lesson 6: Activity 9	14-4	Unit 5 Lesson 14: Activity 9	23-3	Unit 8 Lesson 23: Activity 8
07-3	Unit 3 Lesson 7: Activity 8	15-3	Unit 5 Lesson 15: Activity 8	23-4	Unit 8 Lesson 23: Activity 9
07-4	Unit 3 Lesson 7: Activity 9	15-4	Unit 5 Lesson 15: Activity 9	24-3	Unit 8 Lesson 24: Activity 8
08-3	Unit 3 Lesson 8: Activity 8	16-3	Unit 6 Lesson 16: Activity 8		
08-4	Unit 3 Lesson 8: Activity 9	16-4	Unit 6 Lesson 16: Activity 9		

To Download or Stream Bonus Material:

1. You must have an Internet connection.
2. Type the URL below into your web browser.

https://www.tuttlepublishing.com/elementary-tagalog-workbook-audio

For support email us at info@tuttlepublishing.com